HEYNE
BÜCHER

W0215937

HEYNE KOCHBÜCHER

Ursula Fabian

INTERNATIONALE WOK-KÜCHE

Neue Rezepte für den chinesischen Spezialtopf

Originalausgabe

WILHELM HEYNE VERLAG
MÜNCHEN

HEYNE KOCHBUCH
07/4673

Printed in Germany 1995
Umschlaggestaltung: Atelier Ingrid Schütz, München
Umschlagfoto und Innenfotos: Ulla Mayer-Raichle, Kempten
Satz: Schaber Datentechnik, Wels
Druck und Bindung: RMO-Druck, München

ISBN 3-453-08077-7

INHALT

Abkürzungen und Erklärungen:

EL = Eßlöffel
TL = Teelöffel
Msp = Messerspitze
g = Gramm
kg = Kilogramm
l = Liter

Wenn nicht anders angegeben, sind die Rezepte für 4 Personen berechnet.

Aus der Geschichte des Wok

Über Jahrhunderte war der Wok ausschließlich ein chinesisches Küchengerät. Man nimmt an, daß er während der ersten beiden Jahrhunderte unserer Zeitrechnung in der späten Han-Dynastie entstanden ist und nicht aus der Küche der Oberschicht, der Mandarine, sondern aus der bäuerlichen Küche stammt.
Zu jener Zeit wurde in China bereits intensiver Ackerbau betrieben. Die Bauern lebten im Sommer bis zur Ernte in Hütten auf den Feldern. Da Brennmaterial knapp war und die Feldarbeit drängte, mußten die Mahlzeiten schnell und mit wenig Feuerholz zubereitet werden.
Aus diesen Gründen ersann man kleine, tragbare zylindrische Öfen, die sehr viel weniger Brennmaterial benötigten als eine offene Feuerstelle. Sie waren oben mit einer Öffnung versehen, auf die eine Pfanne gesetzt werden konnte. Damit diese fest über dem Feuer stand, verfiel man auf die genial einfache Form der Halbkugel – den Wok.
Der Wok hatte gegenüber der flachen Pfanne den Vorteil eines größeren Fassungvermögens. Zudem war die Ausnutzung der Hitze besser als bei der Pfanne. Denn der Wok hatte eine größere Kontaktfläche mit dem Feuer des kleinen zylindrischen Ofens. Infolgedessen garten die Speisen im Wok schneller.
Die Voraussetzung für schnelles Garen war allerdings, daß man die Zutaten in möglichst kleine und gleichmäßige Stücke schnitt. Viele sättigende Zutaten, wie Weizen, Hirse und Reis, ließen sich

darin auch besser mit den nur kärglich vorhandenen Würzzutaten, wie Fleisch, Fisch und Gemüse, vermischen. So wurde das Kochen im Wok zu einer Tugend, die aus der Not geboren war.
Im Laufe der Jahrhunderte fand diese schlichte Gartechnik aus der Feldküche Eingang in die Mandarin-Küche. Sie wurde zu einer der vierzig verschiedenen Garmethoden, die die klassische chinesische Küche kennt. Allmählich entwickelte sie sich wegen ihrer vielen Vorzüge zu einer bevorzugten Gartechnik.
Heute ist das Pfannenrühren (im Chinesischen »Chao« genannt) in der chinesischen Küche die am häufigsten angewendete Garmethode und der Wok das universale Kochgerät. Man kann in ihm braten und in wenig Fett fritieren, dünsten, schmoren und dämpfen. Dank seiner Form und seinem hoch gewölbten Deckel läßt sich darin eine Handvoll Fleischwürfel genauso gut zubereiten wie auch ein ganzes Huhn.
Bis vor etwa einem Jahrzehnt war der Wok im Westen nur ausgesprochenen Kennern der chinesischen Küche vertraut. Bekannt wurde er bei uns durch die Bemühungen des chinesischen Diplomaten und Journalisten Kenneth Lo. Ihm ist es zu verdanken, daß der Wok seinen Einzug auch in unsere Küchen gehalten hat.
Anfang der achtziger Jahre schrieb Kenneth Lo eines der ersten Bücher über das Kochen mit dem Wok. Im vornehmen Londoner Stadtteil Belgravia eröffnete er ein Restaurant, das er »Memories of China« nannte und das sich bald eines internationalen Rufes erfreute. Zugleich richtete er unter der Bezeichnung »Ken Lo's Kitchen« eine Kochschule ein. Beide – Restaurant wie Kochschule – machten es dem »Westler« möglich, sich mit der gehobenen chinesischen Küche vertraut zu machen und auch selbst den Gebrauch des Wok zu erlernen.
Kenneth Lo war es auch, der das Schlagwort »East meets West« für die Küche prägte. »Westliches-Fernöstliches« in unseren Kochtöpfen verdanken wir also letztlich Kenneth Lo, auch wenn seit seinen bahnbrechenden Kochbüchern noch eine Reihe von anderen das Kochen im Wok populär gemacht haben.

Wok International

Im allgemeinen verbindet sich mit dem Wok als Küchengerät und dem Pfannenrühren als Küchentechnik die Vorstellung, daß beides ausschließlich in die chinesische Küche gehört und daß Gerichte aus dem Wok ausschließlich »chinesische« Gerichte sind. Es stimmt, daß der Wok und das »Woken« im strengen Sinne ihren Ursprung in der chinesischen Küche haben. Doch die uralte Technik des Pfannenrührens ist keineswegs an die chinesische Küche gebunden.

Chinesen brachten ihre Pfannen schon vor Jahrhunderten nach Japan, wo sie ihre eigenen Ausprägungen fanden. Und über die alte Seidenstraße verbreitete sich der Wok nach Innerasien. Bei den Nomaden vom Karakorum bis zum Cyber-Paß war diese Pfanne seit altersher das einzige Kochgefäß.

Auf dem indischen Subkontinent von Kaschmir bis zur Südspitze werden Curries in der sogenannten Balti-Pfanne oder im Karahi pfannengerührt, einer wokähnlichen halbkreisförmigen Pfanne mit zwei ösenförmigen Henkeln.

Ähnliche Kochgefäßformen und dem Pfannenrühren verwandte Gartechniken finden sich auch im Westen. Die spanische Paellera, die rustikale Pfanne, in der die Paella traditionell zubereitet wird, hat eine dem Wok vergleichbare Form und Funktion. Nur ist sie flacher als dieser.

Auch in der feinen französischen Küche gibt es seit dem 18. Jahrhundert eine Gartechnik, die der Zubereitung im Wok ähnlich ist: das Sautieren, bei dem kleine Stücke von geringer Dicke und kurzer Garzeit in wenig heißem Fett »hüpfend« (sauter bedeu-

tet hüpfen, springen) zubereitet werden. Das Kochgefäß der gehobenen Küche ist die Sauteuse, eine Schwingpfanne mit ausgestellten Wänden und breiter Bodenfläche.
Die Rezepte, die ich in diesem Buch zusammengestellt habe, wollen nicht nur beweisen, wie vielseitig der Wok zu verwenden ist. Sie wollen auch zeigen, daß man mit dem Wok als Kochgerät Ausflüge in die Küchen der verschiedensten Länder und Regionen unternehmen kann – überall dorthin, wo das »Woken« oder eine vergleichbare Technik anzutreffen ist.
Sie finden hier natürlich chinesische Rezepte – Rezepte aus dem Land, in dem das Kochen mit dem Wok erfunden wurde. Sie finden aber auch zahlreiche Rezepte aus dem asiatischen Raum, in dem der Wok heimisch geworden ist – Rezepte aus Indonesien und Thailand. Indische Gerichte lassen sich ebenfalls im Wok kochen, wie ich Ihnen mit ein paar Rezepten beweisen möchte. Dasselbe gilt für Gerichte aus dem Vorderen Orient und, nicht zuletzt, für europäische Gerichte aus unterschiedlichen Ländern. Selbst sie eignen sich für den Wok. Sogar Gerichte aus der kreolischen Küche kann man im Wok zubereiten, wie Sie auf den folgenden Seiten sehen werden.
Überall habe ich Wert darauf gelegt, daß die Rezepte – vereint durch die gleiche Art der Zubereitung – Ihnen die verschiedenen Länderküchen in ihrer geschmacklichen Eigenart nahebringen. Alle Rezepte sind schnell und ohne großen Aufwand zu kochen. Sie eignen sich für die tägliche Familienmahlzeit ebenso wie für ein zwangloses Essen mit Freunden.

Der Wok in der modernen Küche

In der Hektik des Alltags sind wir heute fast alle gezwungen, die täglichen Mahlzeiten schnell und ohne Umschweife auf den Tisch zu bringen. Nur selten und meist nur zu besonderen Anlässen können wir uns noch die Zeit nehmen für komplizierte und langwierige Zubereitungen, für langsames Braten und endloses Schmoren oder für Menüs mit mehreren Gängen. Mehr und mehr neigen wir heute zu schnellen, raffinierten Pfannengerichten im Alltag und bei geselligen Essen mit Freunden.
Wir sind gesundheitsbewußter geworden und versuchen, die Erkenntnisse der modernen Ernährungwissenschaft für uns nutzbar zu machen. Wir schätzen fettarme Mahlzeiten und geben, wo immer wir können, frischen Zutaten den Vorzug.
Beidem – dem Zwang zur schnellen Zubereitung und dem Wunsch nach gesunder Ernährung – kommt der Wok auf ideale Weise entgegen. Wäre er nicht schon vor anderthalb Jahrtausenden erfunden worden, hätte man ihn heute für die moderne Küche neu entwickeln müssen. Kochen im Wok geht im Handumdrehen, und gegenüber anderen Zubereitungsarten hat das Garen im Wok noch weitere entscheidende Vorteile.
Für die Zubereitung im Wok hat sich die Bezeichnung »Pfannenrühren« eingebürgert, aber sie ist nicht ganz zutreffend. Das schnelle Pfannenrühren ist eigentlich kein Rühren, sondern ein flinkes Schwingen, Heben und Wenden der Zutaten in heißem Fett. Es ist kein »derbes« Rühren, bei dem alles zermust wird, sondern ein leichtes Hin- und Herbewegen der Zutaten.

Beim Pfannenrühren schließen sich die Poren des Garguts durch den Kontakt mit dem heißen Fett sofort. Es gibt also keinen Saft- oder Aromaverlust. Da alles Bratgut nur »auf den Punkt« gegart wird, gehen wegen der kurzen Garzeiten auch kaum Vitamine verloren. Fleisch, Fisch und Meeresfrüchte bleiben saftig. Gemüse bleibt knackig und aromatisch; es behält seine frische Farbe.
Ein großer Vorteil des Wok ist der geringe Fettbedarf beim Braten. Der moderne Wok, den wir in unseren Küchen benutzen, hat bei verschieden großer oberer Weite einen flachen Boden von nur 15 Zentimeter Durchmesser. Um diesen Boden zu bedecken, genügen meist zwei Eßlöffel Öl. (Bei Woks mit Antihaftbeschichtung verringert sich die Fettmenge noch weiter. Allerdings bräunen sie nicht so gut, da man darin nicht bei großer Hitze braten darf.) Der Boden der normalen Pfanne weist im Vergleich dazu einen viel größeren Durchmesser auf. Entsprechend ist mehr Fett oder Öl erforderlich, wenn der Boden bedeckt sein soll. Und mehr Fett bedeutet auch mehr Kalorien.
Auch zum Fritieren braucht der Wok weit geringere Mengen Öl als die »westliche« Friteuse. »Chinesen sind sparsam«, sagte mir Kenneth Lo, »und in keinem chinesischen Haushalt würde man auch nur im Traum daran denken, ein oder zwei Liter Öl zum bloßen Fritieren zu verschwenden.« So wie wir es verstehen, wird in China nur in Restaurantküchen fritiert. Im chinesischen Haushalt brät oder bäckt man das Gargut schwimmend in »seichtem« Öl aus.
Dies ist eine Technik, die es sich durchaus zu übernehmen lohnt. Man benötigt dabei zum Ausbacken von kleinen panierten Stükken Fisch oder Fleisch, von kleinen Krapfen oder Küchlein nur einige Eßlöffel Öl gegenüber 1–2 Liter Öl in der Friteuse. Spricht es nicht auch für den Wok, daß das Öl aus der Friteuse nach zwei- oder dreimaliger Verwendung nicht mehr zu gebrauchen ist und umweltgerecht »entsorgt« werden muß?

Tips für gutes Gelingen

Da das schnelle Garen im Wok den Geschmack und das Aroma der einzelnen Zutaten sofort voll herausbringt, müssen die Ausgangsprodukte frisch und von guter Qualität sein.

Fisch und Meeresfrüchte, vor allem Garnelen, eignen sich besonders, da sie eine kurze Garzeit haben. Wählen Sie jedoch festfleischigen Fisch, der beim schnellen Pfannenrühren nicht zerfällt.

Vom Schlachtfleisch eignen sich alle Teile, die kurz gebraten oder gegrillt werden. Um das Schneiden zu erleichtern, kann man Fleisch kurz im Tiefkühlfach ansteifen.

Da das Pfannenrühren ein Kochen »à la minute« ist, müssen alle Zutaten fertig bereitstehen. Fleisch, Fisch und Gemüse müssen in gleichmäßige Stücke geschnitten sein, damit sie nicht ungleich garen.

Den Wok »trocken« erhitzen, bevor man das Öl an den Wänden entlang hineingießt. Das Öl erwärmt sich schon dabei und fettet gleichzeitig die Wände.

Den Wok nicht überladen, sondern besser in kleinen Portionen nacheinander garen.

Zutaten sollen nicht tropfnaß ins heiße Öl gelegt werden, sondern müssen vorher trockengetupft werden.

Zutaten, die die längste Garzeit haben, müssen stets vor den Zutaten, die schneller gar werden, in den Wok gegeben werden.

Würzende Zutaten, wie kleingehackten Knoblauch, Chili und Ingwer, mit dem Kochlöffelrücken an der Wokwand zerdrücken, damit der austretende Saft das Öl aromatisiert.

Zutaten portionsweise immer zuerst in die Mitte des Wok geben.

Dabei schon gegarte Stücke an die Wände des Wok schieben, um Platz zu schaffen.
Nach dem Zugeben der einzelnen Portionen immer erst warten, bis das Öl wieder heiß ist. Das ist besonders wichtig bei Fleisch, das bräunen und keinen Saft ziehen soll.
Wenn sich zuviel Flüssigkeit im Wok gebildet hat, die festen Zutaten an den Wänden des Wok hochschieben und die Flüssigkeit auf dem Boden des Wok über starker Hitze einkochen lassen.

REZEPTTEIL

Vorspeisen und Snacks

Im Herkunftsland des Wok sind Vorspeisen unbekannt. Bei einem chinesischen Mahl gibt es keinen besonderen »Gang« mit einem »kleinen« Gericht. Gleichwohl läßt sich im Wok eine Vielzahl solcher kleiner pikanter Gerichte schnell und einfach zubereiten. Sie müssen nicht unbedingt als Vorspeisen serviert, sondern können auch als originelle Cocktailhappen oder als Snacks gereicht werden.

Mah Ho

Pferde im Galopp, Thailand

(Foto Seite 17)

4 Scheiben Ananas (Konserve) · 2 EL Öl

1 Schalotte, feingewürfelt · 1 Knoblauchzehe, feingehackt

200 g mageres, gehacktes Schweinefleisch

Salz · frischgemahlener Pfeffer · 1 TL brauner Zucker

½ rote Chilischote, feingehackt

4–5 EL geröstete Erdnüsse, feingehackt

1 EL feingeschnittenes Koriandergrün, frische Minze oder Basilikum

Das Öl im Wok erhitzen. Die Schalottenwürfel und den feingehackten Knoblauch darin etwa 1 Minute andünsten.

»Mah Ho« (Rezept Seite 16)

Das gehackte Fleisch zufügen und mit Salz, frischgemahlenem Pfeffer und etwas braunem Zucker würzen. Über mittlerer Hitze etwa 5 Minuten pfannenrühren, dabei das Fleisch mit dem Kochlöffel ständig auseinanderzupfen.
Anschließend die feingehackte Chilischote einrühren und nochmals etwa 2 Minuten pfannenrühren. Danach die gehackten Erdnüsse unterheben.
Die Mischung auf die Ananasscheiben häufen, mit dem feingeschnittenen Koriandergrün bestreuen und mit einem Minzblatt garnieren. Zu Drinks oder als Vorspeise servieren.

Paprikastreifen mit Knoblauch und provenzalischen Kräutern

1 rote und 1 gelbe Paprikaschote

3 EL Olivenöl · 3 Knoblauchzehen

1 TL provenzalische Kräuter (Herbes de Provence)

1 EL Rotweinessig · Salz

frischgemahlener schwarzer Pfeffer

Die Paprikaschoten halbieren, Stielansatz und Samenstand entfernen, das Fruchtfleisch längs in etwa ½ cm breite Streifen schneiden. Die Knoblauchzehen schälen und in dünne Scheibchen schneiden.
Das Öl im Wok auf mittlerer Flamme erhitzen. Die Paprikastreifen in den Wok streuen und 2–3 Minuten unter Rühren anbraten. Den Knoblauch und die Kräutermischung einstreuen und weitere 2 Minuten pfannenrühren. Der Knoblauch darf nicht anbrennen, da er sonst bitter wird.
Danach die Paprikastreifen mit dem Rotweinessig beträufeln und leicht salzen. Unter Rühren nochmals 2 Minuten dünsten. Mit

Salz und frischgemahlenem schwarzen Pfeffer abschmecken. Lauwarm zu frischem Baguette servieren.

Römischer Fenchel mit Parmaschinken

2 Fenchelknollen · 4 EL Olivenöl

2 EL trockener Weißwein

4 Scheiben Parmaschinken, in Streifen geschnitten

Salz · frischgemahlener schwarzer Pfeffer

40 g Parmesan am Stück

etwas Fenchelgrün, feingeschnitten

Die Fenchelknollen putzen, beschädigte Außenblätter entfernen und etwas Grün für die Garnitur zurückbehalten. Die Knollen längs halbieren. Die Hälften in dünne Streifen schneiden. Von dem Stück Parmesan mit einem Sparschäler Späne abschneiden.
Das Öl im Wok erhitzen. Die Fenchelstreifen einstreuen und unter Rühren 2–3 Minuten anbraten. Mit dem Wein beträufeln und unter Rühren weiterdünsten, bis die Flüssigkeit verkocht ist. Mit Salz und frischgemahlenem Pfeffer abschmecken und lauwarm abkühlen lassen.
Die Fenchelstreifen auf eine Servierplatte geben und mit Schinkenstreifen, Parmesanspänen und etwas Fenchelgrün bestreuen.

Shanghai-Spareribs

800 g Spareribs · 4–6 EL Öl · 4 EL Balsamessig
1 EL dunkle Sojasauce · 4 EL brauner Rohrzucker
einige Spritzer Tabasco
1 nußgroßes Stück Ingwer, feingehackt · 1 Prise Salz
einige Blätter Eissalat
1 halbe rote Chilischote, in dünne Ringe geschnitten

Die Spareribs vom Metzger in einzelne Rippen schneiden und diese in etwa 5 cm lange Abschnitte sägen lassen. Die Stücke kalt abspülen und mit Küchenpapier trockentupfen.
Für die Sauce den Balsamessig mit der Sojasauce, dem Zucker, einer Prise Salz, einigen Spritzern Tabasco und dem feingehackten oder durch die Knoblauchpresse getriebenen Ingwer verrühren.
Das Öl im Wok auf großer Flamme erhitzen. Die Spareribs in 2 Portionen nacheinander in etwa 6 Minuten unter ständigem Rühren anbraten. Mit einem Sieblöffel herausheben und warm halten.
Das Öl aus dem Wok schütten. Den Bratensatz mit der Essigmischung ablöschen. Die Sauce einkochen, bis sie dickflüssig ist, und abschmecken. Die Spareribs hineingeben, in der Sauce wenden und über reduzierter Hitze einige Minuten ziehen lassen. Vom Feuer nehmen und in der Sauce lauwarm abkühlen lassen.
Unterdessen die Salatblätter waschen, trockentupfen und schalenförmig auf 4 Teller verteilen. Die Spareribs auf die Salatblätter verteilen und mit einigen Chiliringen garnieren.

Tip: Originalgetreu sollte statt italienischem Balsamessig ein schwarzer chinesischer Essig verwendet werden. Der chinesische ist ein milder dunkler Essig, der ähnlich dem italienischen Balsamessig lange Zeit gereift ist. Bei uns ist er nur selten erhältlich. Doch Aceto Balsamico ist ein ausgezeichneter Ersatz.

Marokkanische Lammfleischbällchen mit Joghurt-Dip

400 g ausgelöste Lammschulter
1 Scheibe Kastenweißbrot ohne Kruste · etwas Milch
1 verquirltes Ei · 1 kleine Zwiebel, feingewürfelt
2 Knoblauchzehen · ½ TL mildes Paprikapulver
¼ TL Cayennepfeffer · ¼ TL gemahlener Kreuzkümmel
1 EL frische Minze, feingeschnitten · Salz
frischgemahlener schwarzer Pfeffer · 2 EL Öl

Für die Dip-Sauce:

250 ml Sahnejoghurt · 1 Knoblauchzehe
1 Prise gemahlener Kreuzkümmel · Salz
frischgemahlener schwarzer Pfeffer

Das Lammfleisch würfeln und durch die feine Scheibe des Fleischwolfs treiben. Das Weißbrot in Milch einweichen und gut ausdrücken.
In einer Schüssel das Lammfleisch mit dem Weißbrot, dem Ei, den Zwiebelwürfeln, den durch die Knoblauchpresse getriebenen Knoblauchzehen und den Gewürzen vermischen. Die feingeschnittene Minze einarbeiten und die Masse mit Salz und Pfeffer abschmecken.
Mit einem Eßlöffel von der Masse Nocken abstechen und mit nassen Händen zu Bällchen formen.
Das Öl im Wok erhitzen und die Bällchen portionsweise braun braten. Auf Küchenpapier entfetten und auf Holzspießchen stekken.
Für die Dip-Sauce den Joghurt mit dem durch die Knoblauchpresse getriebenen Knoblauch verrühren. Mit gemahlenem Kreuz-

kümmel, Salz und Pfeffer abschmecken. Nach Belieben noch etwas feingeschnittene Minze unterheben.
Die Fleischbällchen zusammen mit der Dip-Sauce und Fladenbrot servieren.

Falafel mit Tahina-Dip

1 Dose Kichererbsen (Abtropfgewicht 250 g)
2 Knoblauchzehen · 1 Scheibe Weißbrot · 1 Prise Backpulver
1 EL glattblättrige Petersilie, feingeschnitten
1 EL Koriandergrün, feingeschnitten
½ TL gemahlener Kreuzkümmel · Salz
frischgemahlener schwarzer Pfeffer · 4 EL Erdnußöl

FÜR DEN TAHINA-DIP:
2 Knoblauchzehen
3–4 EL Sesampaste (im Reformhaus erhältlich)
Saft von 1 Zitrone · 2 EL kaltes Wasser
1 Prise Cayennepfeffer · Salz

Die Kichererbsen auf ein Sieb schütten, kalt abspülen und abtropfen lassen. Die Knoblauchzehen durch die Knoblauchpresse treiben. Das Weißbrot in etwas Wasser oder Milch einweichen und ausdrücken.
Alle Zutaten für die Falafel in der Küchenmaschine oder im Mixer zu einem glatten Püree verarbeiten. Mit Kreuzkümmel, Salz und Pfeffer abschmecken. Die Masse in eine Schüssel geben und mindestens 30 Minuten im Kühlschrank ruhen lassen.
Inzwischen für den Tahina-Dip den Knoblauch durch die Knoblauchpresse treiben. In einer Schüssel zuerst mit etwas Salz, dann mit der Sesampaste verrühren. Nach und nach den Zitronensaft

und anschließend so viel Wasser einrühren, daß der Dip eine sahnige Konsistenz hat. Nach Belieben mit einer Prise Cayennepfeffer abschmecken und etwas feingeschnittene Petersilie unterheben.
Mit einem Eßlöffel Nocken von der Falafel-Masse abstechen, mit nassen Händen zu Bällchen formen und diese etwas abflachen.
Das Öl im Wok erhitzen. Darin die Falafel von beiden Seiten goldbraun ausbacken. Auf Küchenpapier entfetten. Zusammen mit dem Tahina-Dip und Fladenbrot heiß servieren.

Pikant gewürzte Cashewnüsse

200 g ungesalzene Cashewnüsse · 1 TL Kreuzkümmel
1 TL Salz · 1/4 TL Cayennepfeffer · 2 EL Öl

Den Wok erhitzen. Den Kreuzkümmel einstreuen und rösten, bis er anfängt zu duften. Herausnehmen, im Mörser zerstoßen und in einer Schüssel mit dem Salz und dem Cayennepfeffer vermischen.
Das Öl im Wok erhitzen und die Cashewnüsse zufügen. Unter ständigem Rühren goldbraun rösten. Herausnehmen und sofort in der Gewürzmischung wenden. Abgekühlt zu Drinks servieren.

Tip: Luftdicht verschlossen können die gerösteten Cashewnüsse einige Tage aufbewahrt werden.

Geröstete Kichererbsen

1 Dose Kichererbsen (Abtropfgewicht 250 g)
3 EL Olivenöl · 1 Knoblauchzehe
1 EL Salz · ½ TL Cayennepfeffer

Die Kichererbsen auf ein Sieb schütten, unter fließendem kalten Wasser abspülen und abtropfen lassen. Anschließend mit Küchenpapier trockentupfen.
Das Öl im Wok erhitzen. Die geschälte Knoblauchzehe darin etwa 1 Minute braten. Danach entfernen.
Die Kichererbsen ins heiße Öl schütten und 3–4 Minuten unter ständigem Rühren rösten. Herausnehmen und mit Salz und Cayennepfeffer bestreuen. Auf einem Blech ausbreiten und im warmen Backofen (120 °C bei Heißluft) etwa 15 Minuten trocknen. Abkühlen lassen und zu Drinks servieren.

Auberginenscheiben mit Joghurtsauce

2 Auberginen · 1 geschälte Knoblauchzehe
½ Chilischote, entkernt · 6 EL Olivenöl · Salz
FÜR DIE SAUCE:
300 ml Sahnejoghurt · 1 Knoblauchzehe
1 EL feingeschnittenes Koriandergrün oder Minze
1 Prise gemahlener Kreuzkümmel · Salz
frischgemahlener schwarzer Pfeffer

Die Auberginen in etwa 1 cm dicke Scheiben schneiden. Die Scheiben salzen, in ein Abtropfsieb legen und mit einem Teller

beschweren. Mehrere Stunden, am besten über Nacht, ruhen lassen. Anschließend die Auberginenscheiben mit Küchenpapier trockentupfen und ihre Ränder mehrmals einschneiden, damit sich die Scheiben beim Braten nicht wellen. (Je länger die Auberginen eingesalzen ruhen, desto weniger Öl saugen sie beim Ausbacken auf.)
Das Olivenöl im Wok auf großer Flamme erhitzen. Die Auberginenscheiben portionsweise im heißen Öl von beiden Seiten braun braten. Herausheben und mit etwas Salz und frischgemahlenem Pfeffer würzen.
Für die Sauce den Joghurt mit der durch die Knoblauchpresse getriebenen Knoblauchzehe und dem Koriandergrün vermischen und mit gemahlenem Kreuzkümmel, Salz und Pfeffer abschmekken.

Steinpilze in warmer Vinaigrette

4 kleine Steinpilze · 1 Schalotte, feingewürfelt
2 EL kleine Karottenwürfel · 2 EL kleine Zucchiniwürfel
4 EL Olivenöl · 2 EL Weißweinessig
1 EL Zitronensaft, frisch gepreßt · Salz
frischgemahlener Pfeffer

Die Steinpilze putzen, feucht abwischen und längs in dünne Scheiben schneiden.
Das Öl im Wok auf großer Flamme erhitzen. Die Pilze portionsweise kurz anbraten. Herausnehmen, mit Salz und Pfeffer bestreuen und auf 4 Teller verteilen.
Anschließend die Gemüsewürfel in den Wok streuen und etwa 30 Sekunden pfannenrühren. Den Essig und den Zitronensaft einrühren und kurz erhitzen. Mit Salz und Pfeffer abschmecken und über die Pilzscheiben verteilen.

Auberginenkrapfen

1 kleine Aubergine · 1 Ei · 5 EL Mehl

1 gestrichener TL Backpulver · 1 EL geriebener Parmesan

1 Prise Zwiebelpulver · 1–2 EL Milch

4 EL Öl oder Butterschmalz

Salz · frischgemahlener schwarzer Pfeffer

Die Aubergine schälen und würfeln. Im geschlossenen Topf in wenig Wasser weichdünsten. Auf ein Sieb schütten und abtropfen lassen. Anschließend mit einer Gabel zermusen.
Das Ei verquirlen und das Mehl mit dem Backpulver vermischen. In einer Schüssel das Auberginenmus mit dem verquirlten Ei, der Mehlmischung, dem geriebenen Parmesan und dem Zwiebelpulver vermengen. Die Masse mit Salz und Pfeffer würzen. Soviel Milch einrühren, daß ein dickflüssiger Teig entsteht.
Das Fett im Wok erhitzen. Den Teig teelöffelweise in kleinen Portionen ins heiße Fett geben und kleine Krapfen goldbraun ausbacken. Die Krapfen herausheben und auf Küchenpapier entfetten.

Tip: Die Auberginenkrapfen sind köstlich zum Aperitif. Man kann sie auch einfrieren und anschließend im Backofen bei 200 °C Umluft wieder aufbacken. Im Mikrowellenherd garen Auberginenwürfel ohne Fett und Wasser besonders schnell, ohne dabei ihre schöne helle Farbe zu verlieren. Im geschlossenen Gefäß benötigen sie nur etwa 4 Minuten.

Suppen

Im Gegensatz zur landläufigen Meinung braucht eine Suppe nicht stundenlang zu kochen. Aromatische frische Zutaten, kurz pfannengerührt und mit Wasser oder einer Brühe aufgegossen, ergeben herzhafte Suppen und kräftige Eintöpfe. Wußten Sie, daß man in China Suppen mit Eßstäbchen ißt? Die Suppeneinlagen sind dort so reichlich, daß man sie mit den Stäbchen herausholt. Die Brühe im Schälchen wird einfach ausgetrunken.

Nudelsuppe auf thailändische Art

(Foto Seite 35)

250 g Hühnerfilet ohne Haut

1 Knoblauchzehe · 1 nußgroßes Stück frische Ingwerwurzel

1 TL mildes Currypulver · 1–2 EL Speiseöl

½ rote Chilischote, feingehackt, ersatzweise 1–2 EL rote Paprikaschote

1 l Hühnerbrühe (Brühwürfel) · 30 g Reisnudeln

2 Eissalatblätter, in dünne Streifen geschnitten

1 EL feingeschnittenes Koriandergrün, ersatzweise Kerbel

Salz

Das Hühnerfilet in hauchdünne Scheiben und diese in etwa 1 cm breite Streifen schneiden. Die Knoblauchzehe feinhacken oder

durch die Knoblauchpresse treiben. Die Ingwerwurzel in kleine Streifen schneiden.
Das Speiseöl im Wok erhitzen. Den Knoblauch und den Ingwer ins heiße Öl streuen, mit dem Currypulver bestäuben und 1 Minute pfannenrühren. Die Fleischstreifen zufügen und nur so lange pfannenrühren, bis sie ihre rohe Farbe verloren haben und vom Currypulver leicht gefärbt sind.
Die feingehackte Chilischote einrühren und die Hühnerbrühe angießen. Zum Kochen bringen.
Die Reisnudeln in kleine Stücke brechen und in die kochende Brühe geben. Auf kleiner Flamme etwa 8 Minuten sieden lassen. Die Suppe mit Salz abschmecken.
Kurz vor dem Anrichten die Salatstreifen unterheben. Mit dem Koriandergrün bestreuen und servieren.

Ungarische Sauerkrautsuppe

200 g Sauerkraut · 1 EL Schweineschmalz
50 g Räucherspeck, kleingewürfelt · 2 Zwiebeln, feingewürfelt
1 Knoblauchzehe, feingehackt · 1 EL mildes Paprikapulver
1 TL Kümmel · 1 l Rinderbrühe · 4 EL saure Sahne
1 EL Mehl · 4 Debrecziner Würstchen · Salz
Kartoffelpüree, nach Belieben

Das Sauerkraut kalt abspülen, ausdrücken und zerschneiden. (Mildes Sauerkraut aus dem Reformhaus braucht nicht gewässert zu werden.)
Das Schmalz im Wok erhitzen und die Speckwürfel darin anbraten. Die Zwiebelwürfel und den gehackten Knoblauch einstreuen und glasig dünsten. Das Paprikapulver und den Kümmel einrüh-

ren. Anschließend das Sauerkraut unterheben und 2–3 Minuten andünsten.
Die Brühe zugießen und zum Kochen bringen. Auf kleiner Flamme etwa 15 Minuten kochen lassen.
Die saure Sahne mit dem Mehl verquirlen. Die Mischung in die kochende Suppe einrühren. Die Würstchen im ganzen oder in dicke Scheiben geschnitten in die Suppe geben. Nochmals kurz erhitzen.
Nach Belieben je 2 gehäufte Eßlöffel frisches Kartoffelpüree in die Suppenteller geben und die Suppe darüber verteilen.

Champignoncremesuppe

250 g kleine, feste Champignons · 1 EL Öl

1 Zwiebel, feingewürfelt · 1 EL Mehl

500 ml Kalbsknochen- oder Rinderbrühe

125 ml saure Sahne · 125 ml Sahne, halbsteif geschlagen

2 EL Sherry · einige Spritzer Zitronensaft

Salz · frischgemahlener weißer Pfeffer

1 EL feingeschnittene Petersilie

Die Champignons putzen und blättrig schneiden.
Das Öl im Wok erhitzen. Die Zwiebelwürfel und die Champignons einstreuen. Unter Rühren etwa 2 Minuten andünsten. Das Mehl anstäuben und weitere 1–2 Minuten pfannenrühren.
Anschließend die Brühe zugießen, zum Kochen bringen und über reduzierter Hitze etwa 8 Minuten kochen lassen. Die saure Sahne einrühren.
Inzwischen die Sahne halbsteif schlagen. Die Suppe mit Sherry, einigen Spritzern Zitronensaft, Salz und frischgemahlenem weißen Pfeffer abschmecken. Kurz vor dem Servieren die halbsteif

geschlagenen Sahne unterziehen. Die Suppe mit feingeschnittener Petersilie bestreuen und servieren.

Kreolische Gemüsesuppe

Gumbo

Gumbo ist typisch für das Soulfood des tiefen Südens – ein scharfgewürztes Eintopfgericht aus Louisiana. Es enthält gewöhnlich Okraschoten sowie verschiedene andere Gemüse und Fleisch oder Meeresfrüchte. Sein Name leitet sich von dem Bantu-Wort »gombo« ab, was soviel wie Okra bedeutet. Okra oder Gemüse-Eibisch ist eines der ältesten Gemüse überhaupt. Es stammt aus Äthiopien und wurde von afrikanischen Negersklaven nach Amerika gebracht.

250 g Okraschoten · 1 EL Öl
4 Scheiben Räucherspeck, in dünne Streifen geschnitten
1 Zwiebel, feingewürfelt · 2 Knoblauchzehen, feingehackt
1 grüne Paprikaschote, gewürfelt · 1 EL Mehl
500 ml passierte Tomaten · ½ TL Thymian
750 ml Gemüse- oder Hühnerbrühe
Worcestersauce · Cayennepfeffer · Salz
frischgemahlener schwarzer Pfeffer

Die Okraschoten waschen und den Stielansatz entfernen. Erst kurz vor der Zubereitung die Schoten in 1 cm breite Abschnitte schneiden. Den austretenden Saft nicht abspülen, da er den Eintopf bindet.
Das Öl im Wok erhitzen. Die Speckstreifen einstreuen und kurz anbräunen. Die Zwiebelwürfel, die gehackten Knoblauchzehen

und die gewürfelte Paprikaschote zufügen. Mit dem Mehl bestäuben und 4–5 Minuten unter Rühren andünsten.
Anschließend die passierten Tomaten, die Okras sowie den Thymian einrühren und die Brühe angießen. Zum Kochen bringen und über reduzierter Hitze zugedeckt etwa 20 Minuten kochen lassen. Zum Schluß mit einigen Spritzern Worcestersauce, Cayennepfeffer, Salz und frischgemahlenem schwarzen Pfeffer abschmecken.
Nach Belieben können kurz vor Ende der Kochzeit eine Handvoll gekochte Shrimps oder eine in Scheiben geschnittene Knoblauchwurst zugefügt werden.

Minestrone

2 EL Olivenöl · 1 EL Butter · 1 gewürfelte Zwiebel

1 Kartoffel, geschält und gewürfelt

1 Lauchstange, nur weiße und hellgrüne Abschnitte, in feine Streifen geschnitten

1 Stange Staudensellerie, in dünne Scheiben geschnitten

1 Karotte, in dünne Streifen geschnitten

1 kleine Zucchini, in kleine Würfel geschnitten

1/8 Wirsingkohl, in Streifen geschnitten

1 Fleischtomate, geschält, entkernt und gewürfelt

1/2 400-g-Dose Borlotti-Bohnen (125 g)

1 l Wasser oder Gemüsebrühe · Salz

frischgemahlener Pfeffer · frischgeriebener Parmesan

Das Olivenöl im Wok erhitzen. Die Zwiebelwürfel einstreuen und unter Rühren glasig dünsten. Anschließend das Gemüse bis auf die Tomatenwürfel und die Bohnenkerne zufügen. Mit einer

Prise Salz sowie etwas Pfeffer würzen und unter Rühren etwa 8 Minuten dünsten.
Das Wasser oder die Gemüsebrühe zugießen und zum Kochen bringen. Über reduzierter Hitze etwa 8 Minuten kochen lassen. Anschließend die abgespülten, gut abgetropften Bohnenkerne und die Tomatenwürfel zufügen. Nochmals kurz aufkochen.
Die Suppe mit Salz und frischgemahlenem Pfeffer abschmecken, vom Feuer nehmen und die Butter einrühren. Die Minestrone in tiefen Tellern anrichten und am Tisch mit frischgeriebenem Parmesan bestreuen.

Jambalaya

Jambalaya ist ein Eintopfgericht aus der kreolischen Küche. Sein Name, so meint der Verfasser eines Kochbuchs aus New Orleans, leitet sich von den beiden Hauptzutaten ab: von »jambon«, dem französischen Wort für Schinken, und von »ya«, der Bezeichnung der afrikanischen Sklaven für Reis: Jambon à la ya, d. h. Schinken mit Reis.

2 EL Öl · 50 g magerer Räucherspeck, gewürfelt

200 g spanische Chorizo-Wurst, ersatzweise rohe geräucherte Frankfurter Würste, in Scheiben geschnitten

2 Zwiebeln, gewürfelt · 2 Knoblauchzehen, feingehackt

2 Stangen Staudensellerie, fein zerschnitten

1 grüne Paprikaschote, gewürfelt · 500 g passierte Tomaten

80 g Reis (parboiled) · 1 l Rinderbrühe · ½ TL Thymian

¼ TL Cayennepfeffer · 2 TL Worcestersauce

Salz · frischgemahlener schwarzer Pfeffer

Das Öl im Wok erhitzen und die Räucherspeckwürfel darin kroß braten. Die Wurstscheiben zufügen und anbräunen. Danach Wurst-

scheiben und Speckwürfel mit einem Sieblöffel herausheben und bereithalten.
Die Zwiebelwürfel, den feingehackten Knoblauch, den in dünne Scheibchen geschnittenen Staudensellerie und die Paprikawürfel im Bratfett unter Rühren weichdünsten.
Anschließend die passierten Tomaten einrühren und den Reis unterheben. Mit Thymian, Cayennepfeffer, Worcestersauce, Salz und Pfeffer würzen. Soviel Brühe angießen, daß die Zutaten etwa 1 cm hoch bedeckt sind.
Unter Rühren zum Kochen bringen. Über reduzierter Hitze etwa 20 Minuten kochen lassen, bis der Reis weich ist. Kurz vor Ende der Kochzeit die Speckwürfel und gebratenen Wurstscheiben unterheben. Nochmals abschmecken und heiß aus dem Wok servieren.

Chinesische Spinatsuppe mit Tofuwürfeln

200 g Tofu, in 1½ cm große Würfel geschnitten
2 EL helle Sojasauce · 1 EL Öl
2 Knoblauchzehen, feingehackt
1 nußgroßes Stück Ingwer, in dünne Streifen geschnitten
250 g Spinatblätter, in breite Streifen geschnitten
1 l Gemüsebrühe · 80 g geschälte Shrimps nach Belieben
Salz · frischgemahlener schwarzer Pfeffer

In einer kleinen Schüssel die Tofuwürfel mit der Sojasauce vermischen.
Das Öl im Wok erhitzen. Den Knoblauch und den Ingwer einstreuen. Unter ständigem Rühren den Knoblauch glasig dünsten. Anschließend den gewaschenen Spinat einstreuen, mit einer Prise

Salz bestreuen – so bleibt er frisch grün – und eine halbe Minute pfannenrühren.
Die Gemüsebrühe angießen und die marinierten Tofuwürfel zufügen. Zum Kochen bringen und auf kleiner Flamme etwa 6 bis 8 Minuten kochen lassen. (Nach Belieben kann man kurz vor Ende der Garzeit noch geschälte, abgekochte Shrimps zufügen.) Die Suppe mit Salz und frischgemahlenem Pfeffer abschmecken und servieren.

Chinesische Eierblütensuppe

1 l Hühnerbrühe · 1 EL Öl · 150 g Tatar
1 Karotte, in feine Streifen geschnitten
1 Stange Staudensellerie, in dünne Scheiben geschnitten
2 Frühlingszwiebeln, fein zerschnitten
1 EL helle Sojasauce · 1 Prise Zucker · 1 Ei · 1 EL Sherry
Salz · frischgemahlener schwarzer Pfeffer

Die Hühnerbrühe in einem Topf erhitzen.
Das Öl im Wok erhitzen. Das Tatar ins heiße Öl geben und unter ständigem Rühren 1–2 Minuten anbraten. Danach die Karottenstreifen, die Selleriescheibchen und die Frühlingszwiebeln einstreuen. Mit Sojasauce, einer Prise Zucker, Salz sowie frischgemahlenem Pfeffer würzen und 2–3 Minuten pfannenrühren.
Die heiße Brühe vorsichtig in den Wok gießen. Zum Kochen bringen und auf kleiner Flamme etwa 4 Minuten kochen lassen.
Inzwischen in einem Schälchen das Ei mit dem Sherry verquirlen. Die Mischung langsam mit einer Gabel in die siedende Suppe rühren, so daß sie blütenartig ausflockt. Die Suppe nochmals abschmecken und servieren.

Nudelsuppe auf thailändische Art (Rezept Seite 27)

Provenzalische Fischsuppe mit Rouille

400 g Fischfilet (Rotbarsch- oder Rotbarbenfilet)

Saft von ½ Zitrone · 2 EL Olivenöl

½ kleine Fenchelknolle, in feine Streifen geschnitten

½ Lauchstange, nur weiße und hellgrüne Abschnitte, in dünne Ringe geschnitten

1 Karotte, in feine Streifen geschnitten

1 Knoblauchzehe, feingehackt · 1 Lorbeerblatt

1 kleiner Thymianzweig · 1 Msp Safran

1 kleines Glas Weißwein · ¾ l Wasser

Salz · frischgemahlener Pfeffer

FÜR DIE ROUILLE:

1 Scheibe Weißbrot ohne Kruste

1 rote Paprikschote, entkernt und gewürfelt

½ rote Chilischote, entkernt

4 geschälte Knoblauchzehen · 1 Eigelb

Salz · 125 ml Olivenöl

Das Fischfilet abspülen und trockentupfen. Mit dem Zitronensaft beträufeln, salzen und pfeffern. In mundgerechte Würfel schneiden und bereithalten.

Das Öl im Wok erhitzen. Die Fenchel- und Lauchstreifen sowie den Knoblauch einstreuen und 1–2 Minuten pfannenrühren. Die Gewürze sowie eine Prise Salz zufügen und den Wein angießen. Zum Kochen bringen und um die Hälfte einkochen lassen.

Anschließend das Wasser zugießen und zum Kochen bringen. Auf kleiner Flamme etwa 8 Minuten kochen.

Danach die Fischwürfel in den siedenden Fond einlegen und auf kleiner Flamme in etwa 8 Minuten gar ziehen lassen.

Inzwischen für die Rouille das Weißbrot kurz in lauwarmem Wasser einweichen, danach herausnehmen und kräftig ausdrükken. Zusammen mit dem gewürfelten Paprika, der halben Chilischote, dem Knoblauch, dem Eigelb und eine Prise Salz im Mixer oder in der Küchenmaschine zu einem glatten Püree vermischen. Anschließend wie bei einer Mayonnaise das Öl bei laufendem Motor einlaufen lassen. Die Rouille in einer kleinen Servierschüssel bereithalten.
Die Suppe mit Salz und frischgemahlenem schwarzen Pfeffer abschmecken. In tiefe Teller verteilen und je einen Eßlöffel Rouille einrühren. Knuspriges Baguette dazu reichen.

Spitzkohlsuppe auf chinesische Art mit marinierter Schweinelende

1 l Hühnerbrühe, entfettet

200 g Schweinefilet (Filetspitze) · 1 TL Speisestärke

2 TL dunkle Sojasauce · 1 TL Worcestershiresauce

1 TL Sherry · 1 kleine Knoblauchzehe, feingehackt

1 nußgroßes Stück Ingwer, feingehackt

1 kleiner Spitzkohl · 100 g Sojabohnensprossen (Lunja)

2 EL Öl · Salz · frischgemahlener schwarzer Pfeffer

Das Schweinefilet etwa 15 Minuten ins Gefrierfach geben, bis es sich fest anfühlt. Danach quer in hauchdünne Scheiben schneiden und mit 1 TL Speisestärke bestäuben. Die Sojasauce mit der Worcestersauce, dem Sherry sowie dem feingehackten Knoblauch und Ingwer zu einer Marinade verrühren. Die Filetscheiben darin wenden und mindestens eine halbe Stunde marinieren. Inzwischen vom Spitzkohl den Strunk keilförmig heraussschnei-

den. Den Kohl längs halbieren und die Hälften quer in dünne Streifen schneiden. Die Kohlstreifen in kochendem Salzwasser blanchieren, auf ein Sieb schütten und eiskalt abschrecken, damit sie ihre grüne Farbe behalten. Die Sojabohnensprossen auf ein Sieb geben, heiß abspülen und abtropfen lassen.
Das Öl im Wok erhitzen und die marinierten Filetscheiben einlegen. Unter ständigem Rühren etwa 2 Minuten braten. Mit einem Sieblöffel herausheben und bereithalten. Danach die Sojabohnensprossen in den Wok streuen und pfannenrühren, bis sie glasig sind. Herausheben und zum Fleisch geben.
In einem Topf die Hühnerbrühe mit Salz und Pfeffer kräftig abschmecken und zum Kochen bringen. Die Kohlstreifen, Sojabohnensprossen und Filetscheiben einlegen. Über geringer Hitze einige Minuten ziehen lassen. Danach sofort servieren.

Tip: Chinesische Köche verwenden mit Vorliebe Hühnerbrühe für ihre Suppen. Sie ist eine leichte Grundbrühe, läßt sich schnell und einfach zubereiten und paßt sich den verschiedensten Zutaten unaufdringlich an.

Eierspeisen

Immer wenn besonders wenig Zeit zum Kochen vorhanden ist, greift man gern auf Eierspeisen zurück. Selbstverständlich müssen dafür die Eier frisch sein und aus verläßlicher Quelle stammen. Für die Zubereitung von gehaltvollen Omeletts ist ein antihaftbeschichteter Wok ideal. Omeletts sollten am besten immer nur für zwei Portionen zubereitet werden. Sind mehr erforderlich, dann sollte man sie besser nacheinander zubereiten.

Feine Rühreier mit Kerbel

Für 2 Personen:
4 große Eier · 60 g weiche Butter · 1 EL Crème fraîche
1 EL feingeschnittener Kerbel
Salz · frischgemahlener schwarzer Pfeffer

Die Eier in einer Schüssel aufschlagen, dabei die weißen Hagelschnüre von den Dottern abtrennen und entfernen. Die Eier salzen, pfeffern und mit einer Gabel verquirlen, dabei nicht schaumig rühren.

Den Wok mit 20 Gramm weicher Butter ausstreichen und die verquirlten Eier hineingießen. Danach erst auf kleiner Flamme aufsetzen. Mit einem Holzlöffel unablässig rühren, dabei die stockende Eimasse vom Wokboden und den Wänden ständig ab-

lösen und in die flüssige Mischung rühren. Den Wok in Abständen vom Feuer ziehen und die restliche Butter in kleinen Flocken einrühren, damit die Masse nicht zu schnell stockt.
Wenn die Eimasse cremig geworden ist, den feingeschnittenen Kerbel unterheben und die Crème fraîche einrühren, um den Garvorgang zu unterbrechen.

Tip: Im Wok auf diese Weise zubereitet, sind Rühreier keine zähe trockene Masse, sondern eine Delikatesse.

Pfannengerührte Eier auf chinesische Art

Für 2 Personen:

4 Eier · 2 EL Hühnerbrühe · 1 TL Sherry

1 Frühlingszwiebel, feingeschnitten

1 TL Sojasauce · Salz

Die Eier mit der Hühnerbrühe verquirlen und mit wenig Salz würzen.
Das Öl im Wok erhitzen. Die verquirlten Eier ins heiße Öl gießen und den Wok dabei vorsichtig schwenken. Die Eier etwa 30 Sekunden stocken lassen. Danach mit dem Sherry beträufeln, mit den Frühlingszwiebeln (oder 1 EL Schnittlauch) bestreuen und nur so lange pfannenrühren, bis die Eier nicht mehr flüssig sind. Mit der Sojasauce übergießen, nochmals kurz durchrühren und sofort servieren.

Baskische Rühreier à la Pipérade

Im Baskischen bedeutet »Piper« Pfeffer. Daher stammt der Name dieses rustikalen Gerichtes. Servieren Sie die »Œufs à la pipérade« mit deftigem Bauernbrot und einem leichten Rotwein.

6 Eier · 2 EL Olivenöl

4 Scheiben Frühstücksspeck, quer in Streifen geschnitten

1 Gemüsezwiebel, in dünne Ringe geschnitten

2 Knoblauchzehen, feingehackt

½ Chilischote, entkernt und feingehackt

je ½ rote, gelbe und grüne Paprikaschote, in schmale Streifen geschnitten

500 g Tomaten, geschält, entkernt und gewürfelt

Salz · frischgemahlener schwarzer Pfeffer

Die Eier mit einer Gabel in einer Schüssel verrühren. Das Olivenöl im Wok erhitzen und darin die Speckstreifen kroß anbraten. Mit einem Sieblöffel herausheben und bereithalten.
Anschließend die Zwiebelringe und den gehackten Knoblauch ins heiße Fett geben und über mittlerer Flamme glasig dünsten. Die feingehackte Chilischote und die Paprikastreifen zufügen und etwa 5 Minuten dünsten. Danach die Tomatenwürfel unterheben. Unter mehrmaligem Rühren 15 Minuten auf kleiner Flamme garen.
Zuletzt die verquirlten Eier in das Gemüseragout geben. Mit Salz und frischgemahlenem schwarzen Pfeffer würzen. Mit einem Holzlöffel rühren, bis die Eier gerade eben gestockt und noch saftig sind. Die knusprigen Speckstreifen über die Pipérade streuen. Im Wok auftragen.

Eier auf kreolische Art

1 EL Öl · 1 EL Butter

1 Gemüsezwiebel, feingewürfelt

1 Knoblauchzehe, feingehackt

½ Chilischote, entkernt und feingehackt

je 1 rote und grüne Paprikaschote, gewürfelt

2 Fleischtomaten, geschält und gewürfelt

125 ml Sahne · ½ TL gemahlener Kreuzkümmel

4 sehr frische Eier

1 EL feingeschnittenes Koriandergrün (ersatzweise glattblättrige Petersilie)

Salz · frischgemahlener schwarzer Pfeffer

Das Öl zusammen mit der Butter im Wok erhitzen. Die Zwiebelwürfel, den gehackten Knoblauch sowie den Chili einstreuen und unter Rühren glasig anschwitzen. Den gewürfelten Paprika zufügen und etwa 4 Minuten dünsten.
Danach die Tomatenwürfel einrühren und weitere 2 Minuten dünsten. Anschließend die Sahne zugießen. Unter ständigem Rühren zum Kochen bringen und über reduzierter Hitze 2–3 Minuten kochen. Mit gemahlenem Kreuzkümmel, Salz und Pfeffer abschmecken und das Koriandergrün unterheben.
Anschließend mit einer Kelle 4 Vertiefungen in die Gemüsemischung drücken. Die Eier nacheinander in eine Tasse aufschlagen und in jede Vertiefung ein Ei hineingleiten lassen. Den Wokdeckel auflegen. Auf kleinster Flamme garen, bis das Eiweiß fest, der Dotter aber noch weich ist.
Aus dem Wok zu Reis oder Weißbrot servieren.

Verlorene Eier auf indische Art

»Molee«

Molee-Gerichte sind eine südindische Spezialität. Die Grundlage ist stets eine scharfgewürzte Kokosnußsauce, in der bereits gegarte Zutaten wie Eier, verschiedene Gemüse oder Fisch wieder aufgewärmt werden. Mit der gleichen Sauce kann man auch Bratenreste oder gewürfeltes Grillhähnchenfleisch schnell in ein apartes neues Gericht verwandeln.

4 Eier, hartgekocht und geschält
1 EL Butterschmalz · 1 große Zwiebel, feingewürfelt
1 Knoblauchzehe, feingehackt
1 nußgroßes Stück Ingwer, feingehackt
1 rote Chilischote, entkernt und feingehackt
1 Dose Kokosnußcreme (280 g) · ½ TL Kurkuma
½ TL gemahlener Zimt · Salz

Die Eier längs halbieren und bereithalten.
Das Butterschmalz im Wok erhitzen. Die Zwiebelwürfel, den Knoblauch und den Chili einstreuen und glasig dünsten. Anschließend Zimt, Kurkuma und eine Prise Salz zufügen.
Danach die Kokosnußcreme einrühren, zum Kochen bringen und auf kleiner Flamme zu einer dickflüssigen Sauce einkochen lassen.
Die »Molee« abschmecken, die halbieren Eier mit der Schnittfläche nach oben einlegen und in der Sauce erhitzen. Aus dem Wok servieren.

Brasilianisches Süßkartoffel-Omelett

Süßkartoffeln stammen aus Süd- und Mittelamerika. Seit geraumer Zeit werden sie auch in Israel angebaut und kommen jetzt häufig bei uns auf den Markt. Kaufen Sie die orangefleischigen Süßkartoffeln. Sie sehen nicht nur besonders appetitlich aus, sie sind auch sehr gesund, da sie reichlich Provitamin A enthalten.

Für 2 Personen:
1 Süßkartoffel (von etwa 250 g)
1–2 EL Butterschmalz · 1 Zwiebel, feingewürfelt
½ grüne Paprikaschote, gewürfelt
½ rote Chilischote, feingewürfelt
1 Tomate, geschält und zerschnitten
4 Eier · frisch geriebene Muskatnuß
Salz · frischgemahlener Piment

Die Süßkartoffel ungeschält etwa 10 Minuten in kochendem Wasser vorgaren, schälen und in Würfel schneiden.
Das Butterschmalz im Wok erhitzen und darin die Süßkartoffelwürfel braten, bis sie angebräunt und weich sind. Sie dürfen nicht zerfallen. Danach zur Seite schieben.
Die Zwiebel-, Paprika- und Chiliwürfel auf den Wokboden streuen. Unter Rühren dünsten, bis die Zwiebelwürfel glasig sind. Die zerschnittene Tomate zufügen. Das Gemüse vorsichtig mischen und weitere 2–3 Minuten dünsten. Mit Salz und frischgemahlenem Piment abschmecken.
In einer kleinen Schale die Eier verquirlen. Mit einer Prise Salz und frischgeriebener Muskatnuß würzen und über das Gemüse in den Wok gießen. Darauf achten, daß die Eier die Gemüsemischung gleichmäßig durchdringen. Die Hitze leicht verstärken. Den Wok einige Male rütteln, damit das Omelett nicht anbäckt.

Wenn das Omelett gestockt und die Unterseite leicht gebräunt ist, läßt man es vorsichtig auf eine Servierplatte gleiten und faltet es dabei.

Japanisches Tofu-Omelett mit Pilzen

In Japan werden Eiergerichte mit Tofu gern leicht gesüßt und mit Sojasauce und Gomasio gewürzt.

Für 2 Personen:
150 g Tofu, gewürfelt · 1 EL Shoyu (Sojasauce)
½ TL flüssiger Honig (nach Belieben) · 3 Eier
2 EL Gomasio (siehe Seite 110) · 1 EL Öl · 1 EL Butter
150 g frische Austernpilze, in dünne Streifen geschnitten
2 Frühlingszwiebeln, in dünne Ringe geschnitten

Den gewürfelten Tofu mit der Sojasauce beträufeln, die mit etwas Honig verrührt wurde. Die Eier verquirlen und mit Gomasio würzen.

Das Öl im Wok erhitzen. Die Pilze und Frühlingszwiebeln zufügen und unter Rühren 3–4 Minuten dünsten. Danach die Eiermischung darübergießen. Dabei den Wok leicht schütteln, damit sie sich gut verteilt. Mit aufgelegtem Deckel über schwacher Hitze stocken lassen.

Das Omelett auf eine Servierplatte gleiten lassen und dabei falten.

Chinesisches Fisch-Omelett

Für 2 Personen:

200 g Schollenfilet · 3–4 Eier
1 Frühlingszwiebel · 1 Knoblauchzehe, feingehackt
1 nußgroßes Stück Ingwer, feingehackt
½ rote Chilischote, feingehackt · 2–3 EL Öl
1 EL helle Sojasauce · 1 EL Sherry · 4 EL Hühnerbrühe
1 TL Butter · Salz · frischgemahlener schwarzer Pfeffer

Die Schollenfilets mit Salz und Pfeffer würzen. Die Frühlingszwiebel in dünne Scheiben schneiden. In einer kleinen Schüssel die Eier verquirlen und mit etwas Salz und Pfeffer würzen.
Das Öl im Wok auf mittlerer Flamme erhitzen. Den Ingwer, den Knoblauch und den Chili hineinstreuen und nur so lange pfannenrühren, bis der Knoblauch glasig ist. Danach zur Seite schieben.
Die Schollenfilets durch die verquirlten Eier ziehen und nebeneinander in das heiße Öl legen. Die verquirlten Eier darübergießen und vorsichtig mit den Würzzutaten verrühren. Die Eimasse 3–4 Minuten stocken lassen, dabei den Wok mehrmals leicht schütteln, damit das Omelett nicht festbäckt.
Die Sojasauce mit dem Sherry und der Hühnerbrühe (oder mit 4 EL heißem Wasser, in denen ½ TL gekörnte Hühnerbrühe aufgelöst wurde) verrühren und über das Omelett träufeln. Zugedeckt etwa 5 Minuten auf kleiner Flamme ziehen lassen. Danach das Omelett auf eine vorgewärmte Platte gleiten lassen.
Die feingeschnittenen Frühlingszwiebeln in die im Wok verbliebene Flüssigkeit streuen und ein kleines Stück Butter zufügen. Unter Rühren erhitzen, bis die Butter geschmolzen ist. Über das Omelett gießen und sofort servieren.

Thailändisches Garnelen-Omelett

Für 2 Personen:

4 Eier · 1 EL Öl · 1 EL Butter

Salz · frischgemahlener schwarzer Pfeffer

Für die Füllung:

1 Frühlingszwiebel, feingeschnitten

1 Knoblauchzehe, feingehackt

½ TL abgeriebene Zitronen- oder Limettenschale

1 gestrichener TL Sardellenpaste

2 EL Öl · 100 g Tiefkühlerbsen, aufgetaut

100 g Garnelen, abgekocht und ausgelöst

1 EL helle Sojasauce · 1 EL Koriandergrün, feingeschnitten

Für die Füllung das Öl auf mittlerer Flamme im Wok erhitzen. Die feingeschnittene Frühlingszwiebel, den Knoblauch, die Zitronen- oder Limettenschale sowie die Sardellenpaste zufügen und etwa 1 Minute pfannenrühren, bis die Würzmischung duftet. Danach die Erbsen einstreuen und 3–4 Minuten dünsten. Zuletzt die Garnelen und das Koriandergrün unterheben, mit der Sojasauce beträufeln und 2–3 Minuten pfannenrühren. Die Füllung in eine Schüssel schütten und warm halten. Den Wok trocken auswischen.

Für das Omelett die Eier verquirlen und mit Salz und Pfeffer würzen. Das Öl zusammen mit der Butter im Wok erhitzen. Den Wok dabei vorsichtig schwenken, um die Wände gut einzufetten. Die verquirlten Eier hineingießen und dabei den Wok im Uhrzeigersinn schwenken, damit die Eimasse in dünner Schicht die Wände überzieht. Das Omelett nur so lange braten, bis die Unterseite leicht gebräunt und die Oberfläche gerade eben gestockt ist.

Die Füllung auf eine Hälfte des Omeletts verteilen und die andere Hälfte darüberklappen. Die Ränder leicht andrücken. Das gefüllte Omelett weitere 1–2 Minuten braten. Danach auf eine vorgewärmte Servierplatte gleiten lassen und servieren.

»Goldene Eier« auf indonesische Art

Die Anregung zu diesem und dem folgenden Rezept stammt von einer australischen Freundin, die sich als Völkerkundlerin mit der indonesischen Küche beschäftigt. »Goldene Eier« sind eine attraktive Beilage zu einer Indonesischen Reistafel, verfehlen aber auch bei einem deutschen Picknick nicht ihre Wirkung.

4 hartgekochte Eier · 1 kleine Zwiebel, feingewürfelt
2 Knoblauchzehen, feingehackt
1 nußgroßes Stück Ingwer, feingewürfelt
1 TL abgeriebene Limettenschale (oder feingehacktes Zitronengras, falls vorhanden)
1 TL gemahlene Kurkuma · 1 EL Öl · 200 ml Wasser

Die Eier pellen und mit einer Gabel mehrfach einstechen.
Die Würzzutaten miteinander vermischen. Das Öl im Wok erhitzen. Die Würzzutaten hineingeben und unter Rühren andünsten, bis die Zwiebelwürfel glasig sind. Das Wasser zugießen und zum Kochen bringen.
Anschließend die Hitze reduzieren. Die Eier hineinlegen und 15 bis 20 Minuten unter mehrmaligem Wenden im Sud ziehen lassen, bis sie goldgelb und von den Aromen durchdrungen sind. Kalt servieren.

Bauernfrühstück

Für 2 Personen:

1 EL Schmalz · 60 g Räucherspeck, gewürfelt
4–5 große Pellkartoffeln, gepellt und gewürfelt
2 Zwiebeln, in Ringe geschnitten · 4 Eier
2 EL glattblättrige Petersilie, feingeschnitten
Salz · frischgemahlener Pfeffer
Geviertelte Tomaten als Garnitur

Das Schmalz im Wok erhitzen und darin die Räucherspeckwürfel kroß anbraten. Die Kartoffelwürfel einstreuen und unter Rühren – sie sollen dabei nicht zerfallen – anbräunen, danach beiseite schieben.
Die Zwiebelringe zufügen, über mittlerer Hitze weichdünsten und mit den Kartoffelwürfeln vermischen. Die Petersilie unterheben.
Die Eier in einer kleinen Schüssel mit einer Gabel verquirlen. Mit Salz sowie frischgemahlenem Pfeffer würzen und in die Kartoffelmischung gießen. Den Wok mehrmals rütteln, damit sich die verquirlten Eier gut verteilen. Den Deckel auflegen und die Eimasse über reduzierter Hitze in etwa 10 Minuten stocken lassen.
Anschließend eine große runde Platte umgedreht über den Wok decken. Das Bauernomelett auf die Platte stürzen, so daß die schön gewölbte Seite nach oben kommt. Mit den geviertelten Tomaten umlegen und auftragen.

Indonesisches Tofu-Omelett

Für 1 Person:

2 Eier · 100 g Tofu, kleingewürfelt · 1 EL Öl

FÜR DIE GLASUR:

1 EL dunkle Sojasauce

2 TL brauner Zucker oder Melasse

1 EL Erdnußbutter

Für die Glasur die Sojasauce mit dem Zucker und der Erdnußbutter verrühren.
Die Eier verquirlen und mit dem gewürfelten Tofu vermengen. Das Öl im Wok erhitzen. Die Eimischung hineingießen und als Omelett backen. Wenn die untere Seite goldbraun ist und die Oberfläche gestockt ist, das Omelett falten und noch im Wok mit der gewürzten Erdnußbutter überziehen. Das Omelett aus dem Wok servieren.

Tip: Das Originalrezept verwendet eine süße indonesische Sojasauce, die es bei uns nur im Spezialitätenhandel gibt. Man kommt ihrem Geschmack sehr nahe, wenn man eine dunkle Sojasauce mit ein wenig Melasse (aus dem Reformhaus) verrührt.

Ägyptisches Auberginen-Omelett

»Eggeh«

Eggeh sind ein beliebtes Gericht der arabischen Küche. Es sind dicke Eierkuchen, die mit Gemüse- oder Fleischstücken gefüllt und in Butter oder Butterschmalz gebraten werden. Man ißt sie warm oder kalt als Vorspeise oder als Hauptgericht. Im Gegensatz zu einem französischen Omelett, das sofort gegessen werden muß, kann man sie vorbereiten und im Backofen wieder aufwärmen.

1 Aubergine, in kleine Würfel geschnitten
4 EL Butterschmalz oder Öl
1 große Zwiebel, in Ringe geschnitten
2 Knoblauchzehen, feingehackt
4 geschälte Tomaten aus der Dose, zerschnitten
1 gestrichener TL gemahlener Kreuzkümmel
4 Eier, verquirlt · Salz
frischgemahlener schwarzer Pfeffer
einige Minzblätter als Garnitur

Die Auberginenwürfel mit Salz bestreuen, in ein Abtropfsieb geben und den bitteren Saft ausschwitzen lassen. Danach unter kaltem Wasser abspülen, ausdrücken und mit Küchenpapier trokkentupfen.

Das Öl im Wok erhitzen. Die Zwiebelringe sowie den Knoblauch einstreuen und glasig dünsten. Anschließend die Auberginenwürfel einstreuen, unter Rühren anbraten und weichgaren. Die zerschnittenen Tomaten unterheben. Zum Kochen bringen und die verquirlten Eier einrühren. Die Masse mit gemahlenem Kreuzkümmel sowie mit Salz und Pfeffer würzen. Die Hitze reduzieren, den Wokdeckel auflegen und das Omelett in etwa 15 Minuten stocken lassen.

Danach eine große runde Platte umgekehrt über den Wok dekken und das Auberginen-Omelett darauf stürzen. Mit einigen Minzblättchen garnieren, wie eine Torte aufschneiden und Fladenbrot dazu reichen.

Fisch und Meeresfrüchte

Fisch und Meeresfrüchte eignen sich bestens für die Zubereitung im Wok. In weniger als einer Viertelstunde kann man ein leckeres Fischgericht aus dem Wok auf den Tisch bringen. Verwenden Sie dafür festfleischigen saftigen Fisch, der beim Pfannenrühren nicht zerfällt. Und denken Sie daran, daß bereits abgekochte Garnelen nur erhitzt und nicht gekocht werden.

Gedämpfter Lachs auf Dillgurken

(Foto Seite 53)

Für 2 Personen:

2 Scheiben Lachsfilet von je 150 g

Saft von ½ Zitrone · 1 kleine Salatgurke

1 Schalotte, feingewürfelt · 20 g Butter · 4 EL Weißwein

4 EL Crème fraîche · 2 EL Dill, feingeschnitten

Salz · frischgemahlener weißer Pfeffer

Die Lachsschnitten salzen und pfeffern. Mit der Hälfte des Zitronensafts beträufeln und bereithalten.
Die Gurke schälen, längs vierteln und mit einem Löffel die Kerne auskratzen. Die Gurkenviertel in etwa 1½ cm breite Abschnitte schneiden.

Gedämpfter Lachs auf Dillgurken (Rezept Seite 52)

Die Butter im Wok erhitzen. Die Schalottenwürfel einstreuen und 1 Minute andünsten. 2 EL Weißwein angießen und einkochen lassen. Die Gurkenwürfel zufügen und mit Salz und Pfeffer würzen. Über mittlerer Hitze unter ständigem Rühren 2–3 Minuten dünsten. Die Crème fraîche einrühren und den feingeschnittenen Dill unterheben.
Die Lachsschnitten auf das Gurkengemüse legen, mit dem restlichen Weißwein beträufeln und einen mit Butter bestrichenen Bogen Pergamentpapier mit der gebutterten Seite darüberlegen.
Die Lachsschnitten im geschlossenen Wok etwa 8 Minuten auf kleiner Flamme dämpfen. Nicht übergaren. Auf zwei vorgewärmte Teller plazieren und mit dem Gurkengemüse umlegen.

Seeteufel-Medaillons auf ligurische Art

4 Seeteufel-Medaillons von je 150 g

2 EL Mehl · 1 EL Olivenöl · 1 EL Butter

2–3 EL Pinienkerne · 4 EL trockener Weißwein

1 kleines Glas Pesto · Salz

frischgemahlener schwarzer Pfeffer

einige Basilikumblättchen als Garnitur

Die Seeteufel-Medaillons mit Salz und frischgemahlenem Pfeffer würzen und im Mehl wenden. Den Wok auf mittlerer Flamme erhitzen. Die Pinienkerne einstreuen und trocken, d. h. ohne Fettzugabe anrösten. Vorsicht, sie verbrennen leicht! Herausschütten und bereithalten.
Das Öl zusammen mit der Butter im Wok erhitzen. Die Medaillons einlegen und von jeder Seite 2 Minuten braten. Beiseite schie-

ben und den Bratensatz mit dem Weißwein ablöschen. Den Pesto einrühren. Die Medaillons in der Sauce wenden und einige Minuten darin ziehen lassen.
Mit den gerösteten Pinienkernen bestreuen, mit einigen Basilikumblättchen garnieren und zu gebutterten, mit Parmesan bestreuten Tagliolini servieren.

Tip: Wenn Sie es nicht vorziehen, den Pesto aus viel frischem Basilikum, Knoblauch, Pinienkernen, Parmesan und Olivenöl selber herzustellen, finden Sie diese ligurische Sauce in der Spezialitäten-Abteilung gut sortierter Supermärkte.

»Rotgeschmorter« Heilbutt

Dies ist ein einfaches Gericht aus der chinesischen Familienküche. »Rotschmoren« bedeutet in dunkler Sojasauce schmoren. Sie gibt dem Fisch eine charakteristische rotbraune Farbe. Auf die gleiche Art kann auch Fleisch und Geflügel zubereitet werden.

Für 2 Personen:
2 Heilbuttschnitten von je 200 g
2 EL Speisestärke · 1 nußgroßes Stück Ingwer, feingehackt
2 Frühlingszwiebeln, in 2 cm lange Abschnitte geschnitten
1 kleine Karotte, in feine Streifen geschnitten
1 Stange Staudensellerie, in feine Streifen geschnitten
4 EL Öl · Salz · frischgemahlener schwarzer Pfeffer
FÜR DIE SAUCE:
2 EL dunkle Sojasauce · 3–4 EL Wasser · 1 EL Sherry
einige Tropfen Tabasco · 1 TL brauner Zucker

Die Heilbuttscheiben mit Salz und Pfeffer würzen und mit der Speisestärke einreiben. Für die Sauce in einer kleinen Schüssel alle Zutaten miteinander vermischen und bereithalten.
Das Öl im Wok erhitzen. Den gehackten Ingwer, die Frühlingszwiebeln sowie die Karotten- und Selleriestreifen im heißen Öl kurz andünsten und zur Seite schieben.
Anschließend die Heilbuttscheiben einlegen und von jeder Seite 2 Minuten anbraten. Danach die verquirlte Saucenflüssigkeit einrühren, zum Kochen bringen und die Hitze reduzieren. Die Sauce mit Salz und Pfeffer abschmecken. Die Heilbuttscheiben vorsichtig in der Sauce wenden und etwa 3–4 Minuten darin schmoren. Dabei mit einem Löffel ständig Sauce über den Fisch gießen. Die Heilbuttscheiben auf einer vorgewärmten Servierplatte anrichten, mit den Gemüsestreifen bestreuen und mit der Sauce übergießen.

Süß-saurer Fisch

Für 2–3 Personen:

400 g Rotbarschfilet · Saft von ½ Zitrone

2 EL Mehl · 2 EL Speisestärke · 1 Msp Backpulver

1 großes Ei · 6 EL Öl · 1 TL feingehackter Ingwer

2 Scheiben Ananas (gesüßte Dosenware)

Salz · frischgemahlener schwarzer Pfeffer

Für die Sauce:

1 EL helle Sojasauce · 3 EL Apfelessig

2 EL süßer Sherry · 2 EL Tomatenmark

2 EL Ananassaft · 1 EL Speisestärke

Das Rotbarschfilet in 3 cm große Würfel schneiden. Mit Zitronensaft beträufeln und mit Salz und Pfeffer würzen. In einer

Schüssel das Mehl mit der Speisestärke und dem Backpulver vermischen. Mit dem Ei zu einem Ausbackteig verrühren und die Fischwürfel darin wenden. Alle Saucenzutaten miteinander verrühren.

Das Öl im Wok erhitzen und die Fischwürfel portionsweise darin ausbacken. Herausheben und warm halten. Danach das Öl bis auf einen Eßlöffel abgießen. Anschließend den Ingwer und die in gleichmäßige Stücke geschnittenen Ananasscheiben zufügen und etwa 1 Minute pfannenrühren. Die Saucenmischung zugießen und unter Rühren zum Kochen bringen. Weiterrühren, bis die Sauce bindet.

Die ausgebackenen Fischwürfel zurück in den Wok geben, in der Sauce wenden und eine knappe Minute darin ziehen lassen. Sofort zu Reis servieren.

Tip: Verwenden Sie für dieses Gericht mindestens 2 cm dickes Rotbarschfilet. Es ist festfleischiger als Seelachs oder Kabeljau und fällt nicht so leicht auseinander.

Zürcher Knusperli

500 g kleine Schollenfilets · 4 EL Olivenöl
4 EL trockener Weißwein · 1 Schalotte, feingewürfelt
3 EL Mehl · 6–8 EL Erdnußöl · Salz
frischgemahlener schwarzer Pfeffer

FÜR DIE SAUCE:

150 ml Crème fraîche · 1 EL Mayonnaise
1 EL Kapern, gehackt · 1 EL Schnittlauch, feingeschnitten

Die Schollenfilets je nach Größe diagonal in 2 oder 3 Streifen schneiden. In einer Schüssel das Olivenöl mit dem Weißwein, der feingewürfelten oder durch die Knoblauchpresse getriebenen Schalotte zu einer Marinade verquirlen und diese mit Salz und Pfeffer würzen. Die Fischstreifen darin wenden und mindestens 15 Minuten marinieren. Danach herausheben, im Mehl wenden und überschüssiges Mehl abschütteln.
Für die Sauce die Crème fraîche mit der Mayonnaise, den gehackten Kapern und dem Schnittlauch verrühren. Mit Salz und Pfeffer abschmecken.
Das Öl im Wok erhitzen. Die Schollenstreifen im heißen Öl portionsweise knusprig ausbacken. Sofort zusammen mit der Sauce servieren.

Tip: In Zürich werden die Knusperli gern aus filetiertem Egli (Barsch) zubereitet, dessen Fleisch fest, weiß und sehr schmackhaft ist. Die dünnen Schollenfilets eignen sich auch gut dazu.

Koriandergarnelen auf Lauch

(Foto Seite 71)

1 Lauchstange (nur weiße und hellgrüne Abschnitte)
400 g geschälte rohe Garnelen · 1 EL Öl · 1 EL Butter
1 TL Korianderkörner, grob zerstoßen
1 Knoblauchzehe, feingehackt · 1 EL helle Sojasauce
½ TL Sardellenpaste · 1 Prise brauner Zucker
Saft von ½ Limette · einige Spritzer Tabasco
1 EL feingeschnittenes Koriandergrün

Die Lauchstange längs halbieren, gründlich waschen und in etwa 2 cm breite Abschnitte schneiden.

In kochendem Salzwasser bißfest garen. Auf ein Sieb schütten, abtropfen lassen und warm halten. Die Garnelen längs aufschneiden. Ihren dunklen Darmstrang unter fließendem kalten Wasser entfernen. Die Garnelen mit Küchenpapier trockentupfen.

Das Öl zusammen mit der Butter im Wok erhitzen. Die grob zerstoßenen Korianderkörner einstreuen und rühren, bis sie anfangen zu duften. Den gehackten Knoblauch zufügen und glasig dünsten. Die Garnelen hineingeben und pfannenrühren, bis sie die Farbe gewechselt haben.

Die Sojasauce mit der Sardellenpaste, einer Prise braunem Zukker, etwas Limettensaft und nach Belieben mit einigen Tropfen Tabasco verrühren. Die Sauce über die Garnelen in den Wok gießen und 1–2 Minuten pfannenrühren. Die Garnelen auf dem Lauchbett anrichten, mit der Sauce beträufeln und mit feingeschnittenem Koriandergrün bestreuen.

Garnelen-Curry mit Ananas auf thailändische Art

300 g Garnelen, abgekocht und ausgelöst

2–3 EL Öl · 2 Knoblauchzehen, feingehackt

1 TL Ingwerwurzel, feingehackt

¼ rote Chilischote, feingehackt

8 Stangen grüner Spargel, in 5 cm lange Abschnitte geschnitten

60 g Cashewnüsse · Salz

FÜR DIE CURRYSAUCE:

200 ml Kokosmilch · 2 TL milde Currypaste

¼ TL Kurkuma (Gelbwurzpulver) · 250 g Ananaswürfel

1 TL brauner Zucker · Saft von ½ Limette

1 TL abgeriebene Limettenschale

1 EL feingeschnittenes Koriandergrün

Für die Currysauce die Kokosmilch mit der Currypaste und dem Kurkumapulver in einem kleinen Topf verrühren, zum Kochen bringen und unter Rühren leicht einkochen lassen. Danach die Ananaswürfel einrühren und in der Sauce erhitzen. Die Sauce mit Zucker, Salz, Limettensaft und abgeriebener Limettenschale würzen und das Koriandergrün unterheben. Die Sauce vom Feuer nehmen und warm halten.

Die Spargelabschnitte im kochenden Salzwasser etwa 3 Minuten vorgaren. Herausheben und abtropfen lassen. Das Öl im Wok erhitzen. Die Cashewnüsse einstreuen und hell anrösten, herausheben und bereithalten.

Danach den Knoblauch, den Ingwer sowie den Chili in den Wok geben und 1 Minute pfannenrühren. Die Garnelen zufügen und eine weitere Minute pfannenrühren. Anschließend die blanchierten Spargelabschnitte unterheben und nochmals eine knappe Mi-

nute pfannenrühren. Mit Salz abschmecken und die Cashewnüsse einstreuen.
Die Ananas-Curry-Sauce auf 4 vorgewärmte Teller verteilen. Darauf die Garnelen und Spargelspitzen anrichten und sofort servieren.

Garnelen in Sherry-Sauce

»Gambas al Jerez«

2 EL Öl · 2 EL roher Schinken, feingehackt

500 g rohe Garnelen, geschält · 8 EL trockener Sherry (Fino)

2 TL Butter · 2 TL Mehl · 150 ml Milch · ½ TL Tabasco

Salz · frischgemahlener weißer Pfeffer

je 1 gehäufter TL Petersilie und Schnittlauch, feingeschnitten

Das Öl im Wok erhitzen. Den gehackten Schinken einrühren, die Garnelen einstreuen und mit 2 EL Sherry beträufeln. Nur so lange pfannenrühren, bis die Garnelen rosa sind. Die Garnelen herausheben und warm halten.
Mit einer Gabel die Butter mit dem Mehl verkneten. Den restlichen Sherry in den Wok gießen und die Mehlbutter in kleinen Flocken einrühren. Die Milch angießen und unter ständigem Rühren auf mittlerer Flamme zum Kochen bringen. Weiterrühren, bis die Sauce glatt ist. Mit einigen Tropfen Tabasco sowie mit Salz und frischgemahlenem weißen Pfeffer abschmecken.
Die Garnelen zurück in den Wok geben und in der Sauce auf kleiner Flamme wieder erhitzen. Mit feingeschnittener Petersilie bestreuen und mit Weißbrot und einem Glas Sherry servieren.

Schmetterlings-Garnelen

Für 2—3 Personen:

12 rohe Riesengarnelen (Schwänze) · 6 EL Öl

Für die Marinade:

1 Knoblauchzehe · 1 nußgroßes Stück Ingwer

3 EL Tomatenketchup · 2 EL dunkle Sojasauce · 2 EL Sherry

1 TL chinesisches Sesamöl (falls vorhanden)

1 TL Zitronensaft · 1 TL Tabasco

1 gestrichener TL brauner Zucker

Die Garnelenschwänze aus den Schalen lösen. Dabei die Schwanzflosse nicht entfernen. Die Garnelen längs am Rücken tief einschneiden, jedoch nicht durchtrennen. Unter fließendem kalten Wasser abspülen, dabei den dunklen Darmstrang entfernen. Mit Küchenpapier trockentupfen. Die eingeschnittenen Hälften wie Schmetterlingsflügel auseinanderklappen und vorsichtig flachdrücken.

Für die Marinade die Knoblauchzehe durch die Knoblauchpresse treiben. Den Ingwer reiben oder ebenfalls durchpressen, was nicht schwer fällt, wenn er frisch und nicht faserig ist. In einer Glasschüssel alle Marinadezutaten verrühren.

Die vorbereiteten Garnelen in der Marinade wenden. Zugedeckt einige Stunden oder über Nacht im Kühlschrank marinieren.

Das Öl im Wok erhitzen. Die Garnelen portionsweise etwa 4 Minuten im heißen Öl pfannenrühren. Herausnehmen und sofort servieren.

Boston Chowder

Chowder ist eine Spezialität aus Neuengland. Es war ursprünglich ein Seemannsgericht. Sein Name soll sich vom französischen »chaudière« ableiten, einem Kessel mit gewölbtem Boden, in dem Chowder ursprünglich gekocht wurde.

1 EL Öl · 1 EL Butter · 1 Zwiebel, feingewürfelt

2 mehligkochende Kartoffeln, geschält und kleingewürfelt

200 ml Wasser oder Gemüsebrühe · 1 Lorbeerblatt

1 Prise getrockneter Thymian · 150 ml Milch · 150 ml Sahne

200 g Zuckermaiskörner (Konserve)

250 g ausgelöstes Muschelfleisch · 1 Prise Cayennepfeffer

Salz · frischgemahlener weißer Pfeffer

1 EL feingeschnittene Petersilie

Das Öl zusammen mit der Butter im Wok erhitzen. Die Zwiebelwürfel einstreuen und glasig dünsten. Die Kartoffelwürfel zufügen und mit den Zwiebeln vermischen.

Mit Wasser oder Gemüsebrühe bedecken und leicht salzen. Das Lorbeerblatt sowie eine Prise Thymian zugeben. Zum Kochen bringen und die Kartoffeln auf mittlerer Flamme weichgaren.

Anschließend die Milch und die Sahne einrühren. Unter Rühren zum Kochen bringen. Die Hitze reduzieren und die Zuckermaiskörner sowie das Muschelfleisch unterheben. Über geringer Hitze einige Minuten ziehen lassen.

Mit einer Prise Cayennepfeffer, mit Salz und frischgemahlenem weißen Pfeffer abschmecken. Mit feingeschnittener Petersilie bestreuen und servieren.

Jakobsmuscheln mit Kaiserschoten und Wasserkastanien

Für 2 Personen:

6 Jakobsmuscheln, nur das weiße Muschelfleisch
1 kleine Dose Wasserkastanien · 2 EL Öl
1 nußgroßes Stück Ingwer, feingehackt
1 kleine Knoblauchzehe, feingehackt
100 g Kaiserschoten, geputzt · Salz
frischgemahlener schwarzer Pfeffer

Für die Sauce:

2 EL Sherry · 1 EL helle Sojasauce · 2 EL Wasser
½ TL Speisestärke · 1 Prise Zucker

Die Jakobsmuscheln kalt abspülen, trockentupfen und waagerecht halbieren. Die Wasserkastanien in nicht zu dünne Scheiben schneiden. Die Saucenzutaten miteinander verrühren und bereithalten.

Das Öl im Wok erhitzen. Den Ingwer und Knoblauch einstreuen und kurz pfannenrühren. Die Kaiserschoten und die Wasserkastanien zufügen, 2 Minuten pfannenrühren und beiseite schieben.

Die Jakobsmuscheln auf den Wokboden legen und von jeder Seite nur 30 Sekunden anbraten. Die Saucenmischung zugießen und unter Rühren schnell zum Kochen bringen. Das Gericht mit Salz und frischgemahlenem Pfeffer abschmecken. Sofort vom Feuer nehmen und servieren.

Katalonisches Meeresfrüchte-Allerlei

»Zarzuela de Mariscos«

Dieses Meeresfrüchte-Allerlei ist eine katalonische Spezialität. Die eigentliche Zarzuela ist ein volkstümliches spanisches Singspiel, ein bunter Reigen von Tanz und Gesang. Eine bunte Auswahl von Meeresfrüchten gehört auch in die kulinarische Zarzuela. Statt Hummerschwänzen verwende ich Seeteufel. Sein feines, festes Fleisch ähnelt in Geschmack und Konsistenz dem des Hummers.

4 Seeteufel-Medaillons von je etwa 150 g
Mehl zum Bestäuben · 8 große rohe Garnelenschwänze
20 Miesmuscheln, gedämpft und ausgelöst
4 EL Olivenöl · 2 Zwiebeln, feingewürfelt
2 Knoblauchzehen, feingehackt · 2 EL spanischer Weinbrand
2 Fleischtomaten, geschält, entkernt und gewürfelt
1 rote Chilischote, entkernt und feingehackt
100 ml trockener Weißwein · 100 ml kräftige Hühnerbrühe
1 Streifen Zitronenschale von einer unbehandelten Frucht
1 Lorbeerblatt · 1 TL frischer Thymian, feingehackt
1 Prise Safran · Salz · frischgemahlener schwarzer Pfeffer
Zitronenachtel als Garnitur

Die Seeteufel-Medaillons mit Salz und Pfeffer würzen und mit Mehl bestäuben. Die Garnelenschwänze aus der Schale brechen und den dunklen Darmstrang entfernen. Ebenfalls mit Salz und Pfeffer würzen und mit Mehl bestäuben.
Das Öl im Wok erhitzen. Die Seeteufel-Medaillons einlegen und von jeder Seite etwa 2 Minuten anbraten. Herausheben und bereithalten. Die Garnelenschwänze ins heiße Öl geben und pfan-

nenrühren, bis sie ihre Farbe gewechselt haben. Herausheben und bereithalten.
Den Bratensatz mit dem Weinbrand ablöschen und diesen verkochen lassen. Die Zwiebelwürfel und den Knoblauch in den Wok streuen und unter Rühren glasig dünsten. Die Tomatenwürfel, den Chili, die Zitronenschale, das Lorbeerblatt, den Thymian und den Safran zufügen. Unter Rühren so lange dünsten, bis die Tomatenwürfel geschmolzen sind. Den Wein und die Brühe zugießen. Die Sauce zum Kochen bringen und 8 Minuten auf kleiner Flamme kochen lassen. Mit Salz und Pfeffer abschmecken.
Danach die Seeteufel-Medaillons, die Garnelen und die gedämpften, ausgelösten Muscheln unter die Sauce heben. Zugedeckt über geringer Hitze etwa 6 Minuten in der Sauce ziehen lassen. Mit Zitronenachteln umlegen und im Wok servieren.

Geflügel

Zarte Geflügelfilets eignen sich besonders gut für die Zubereitung im Wok. In Streifen geschnitten, sind sie im Nu gebraten. Da sie keinen ausgeprägten Eigengeschmack haben, kann man sie mit wechselnden Würzzutaten ständig neu variieren.

Hühnerfrikassee à la King

Dieses Gericht zeigt, wie ausgezeichnet die amerikanische Küche sein kann. »Chicken à la King« soll bereits in den achtziger Jahren des vergangenen Jahrhunderts im New Yorker Restaurant Delmonico kreiert worden sein. Seitdem gilt es als Klassiker.

400 g Hühnerfilet · 100 g Mandeln · 1 EL Öl
1 EL Butter · 2 Schalotten, feingewürfelt
125 g Champignons, in dünne Scheiben geschnitten
1 grüne Paprikaschote, in Streifen geschnitten
½ rote Paprikaschote, kleingewürfelt · 125 ml Sherry
1 TL Speisestärke · 150 ml Sahne · 1 Eigelb · Salz
frischgemahlener Pfeffer · 2 TL Petersilie, feingeschnitten

Das Hühnerfilet in etwa 2 cm große Würfel schneiden, mit Salz und frischgemahlenem Pfeffer würzen. Die Mandeln brühen und abziehen.

Das Öl zusammen mit der Butter im Wok erhitzen. Die Mandeln hineinstreuen und hell anrösten. Mit einem Sieblöffel herausheben. Danach die Fleischwürfel im heißen Fett kurz anbraten und herausnehmen.
Anschließend die Schalottenwürfel, die Champignons sowie die Paprikastreifen und -würfel in den Wok geben und eine Prise Salz zufügen. Unter Rühren dünsten, bis die Schalottenwürfel glasig sind.
Den Sherry zufügen und auf die Hälfte einkochen lassen. Inzwischen die Speisestärke in der Sahne auflösen. Die Sahne mit dem Eigelb verquirlen. Diese Mischung langsam in den Wok gießen und rühren, bis eine Bindung entsteht.
Die Fleischwürfel und die Mandeln unterheben. Mit Salz und Pfeffer abschmecken und einige Minuten über geringer Hitze ziehen lassen. Kurz vor dem Anrichten mit feingeschnittener Petersilie bestreuen.
Das Gericht zu Reis, zu feinen Bandnudeln oder auf Toast servieren.

Poulardenbrust auf elsässische Art

Für 2 Personen:

1 große Poulardenbrust · 1 gehäufter TL Mehl

200 g kleine, feste Champignons · 1 EL Öl · 30 g Butter

1 Schalotte, feingewürfelt · Saft von ½ Zitrone

1 Glas trockener Weißwein (Elsässer Riesling)

75 ml Crème fraîche · 1 EL frischer Estragon, feingeschnitten

Salz · frischgemahlener weißer Pfeffer

Die Poulardenbrust längs halbieren. Anschließend schräg in 2 cm breite Streifen schneiden. Das Mehl mit Salz und Pfeffer würzen

und damit die Fleischstreifen bestreuen. Die Champignons putzen und längs vierteln.
Die Hälfte der Butter im Wok erhitzen. Die Schalottenwürfel einstreuen und kurz anschwitzen. Die Pilze zufügen und mit dem Zitronensaft beträufeln, damit sie schön weiß bleiben. Mit einer Prise Salz würzen und so lange dünsten, bis die Pilze Saft ziehen. Aus dem Wok in eine Schüssel schütten. Den Wok trokken auswischen.
Anschließend das Öl und die restliche Butter im Wok erhitzen. Die Poulardenstreifen – am besten in zwei Portionen – im heißen Fett anbräunen. Mit dem Riesling ablöschen und diesen auf großer Flamme auf die Hälfte einkochen lassen.
Die Champignons samt ihrem Saft wieder zufügen. Die Crème fraîche einrühren und den feingeschnittenen Estragon (ersatzweise 1 TL getrockneter Estragon) unterheben. Auf kleiner Flamme etwa 20 Minuten ziehen lassen. Danach mit Salz und frischgemahlenem Pfeffer abschmecken und servieren.

Huhn mit Cashewnüssen »Kung-Po«

(Foto Seite 89)

Kung-Po-Huhn ist ein Gericht aus der Sichuan-Küche. Es ist nach einem chinesischen Mandarin des 17. Jahrhunderts benannt, dessen Leibgericht es gewesen sein soll. Es muß würzig-scharf abgeschmeckt werden. Nach Belieben kann man statt Tabasco auch eine feingehackte rote Chilischote verwenden.

Für 2 Personen:
400 g Hühnerfilet · 1 Eiweiß, verquirlt
1 EL Speisestärke · 2 EL Wasser · 4 EL Öl
4 EL Cashewnüsse
1 nußgroßes Stück frische Ingwerwurzel, feingehackt
1 Knoblauchzehe, feingehackt
3 Frühlingszwiebeln, diagonal in 2 cm lange Abschnitte geschnitten
je ½ rote und gelbe Paprikaschote, kleingewürfelt
1 EL helle Sojasauce · einige Spritzer Tabasco · 2 EL Sherry
Salz · frischgemahlener schwarzer Pfeffer

Das Hühnerfilet zuerst längs in Streifen, dann in etwa 2 cm große Würfel schneiden. Mit Salz und frischgemahlenem Pfeffer würzen und im verquirlten Eiweiß wenden.
Die Speisestärke mit 2 EL Wasser verrühren und mit den Fleischwürfeln vermischen. (Das geht am besten mit den Fingern.)
Das Öl im Wok erhitzen. Die Fleischwürfel ins heiße Öl streuen und etwa 2 Minuten pfannenrühren, bis sie ihre rohe Farbe verloren haben. Mit einem Sieblöffel herausheben und warm halten.
Die Cashewnüsse in den Wok geben und hell anrösten, herausheben und zu den Fleischwürfel geben.
Danach den Ingwer und den Knoblauch einstreuen und kurz pfannenrühren. Die Frühlingszwiebeln und die gewürfelte Paprikaschote zufügen. Etwa 3 Minuten unter ständigem Rühren dünsten.
Die Sojasauce mit dem Sherry und einigen Spritzern Tabasco verrühren, über das Gemüse träufeln und 1 Minute pfannenrühren. Die Fleischwürfel zusammen mit den Cashewnüssen zurück in den Wok geben und unter Rühren wieder erhitzen.
Zu Reis servieren.

Koriandergarnelen auf Lauch (Rezept Seite 59)

Pfannengerührtes Hühnchen mit Gurkenwürfeln

»Memories of China«

Dieses Gericht verdanke ich Kenneth Lo, in dessen Londoner Restaurant »Memories of China« es sehr gefragt war.

Für 2 Personen:
250 g Hühnerfilet · 2 EL Speisestärke
1 Eiweiß · 2 EL Öl · 1 EL Butter · 1 kleine Salatgurke
2 Knoblauchzehen, feingehackt
1 nußgroßes Stück Ingwer, feingehackt · 2 EL Sherry
4 EL Wasser · ½ TL gekörnte Hühnerbrühe
1 EL Dill, feingeschnitten · Salz
frischgemahlener Pfeffer

Das Hühnerfilet in etwa 2 cm große Würfel schneiden. Mit Salz und Pfeffer würzen und mit der Speisestärke bestäuben. Danach im verquirlten Eiweiß wenden.
Die Gurke waschen und ungeschält längs halbieren. Mit einem Löffel die Kerne herausschaben. Die Hälften längs halbieren und in ebenso große Würfel wie das Fleisch schneiden.
Das Öl zusammen mit der Butter im Wok erhitzen. Die Fleischwürfel einstreuen und unter ständigem Rühren 2 Minuten braten. Herausheben und zugedeckt warm halten.
Anschließend den Knoblauch und den Ingwer einstreuen und eine halbe Minute pfannenrühren. Den Sherry angießen und einkochen lassen. Die Gurkenwürfel zufügen und 2 Minuten dünsten.
Das Wasser mit der gekörnten Brühe verrühren und zugießen. Die Fleischwürfel und den Dill unterheben. Unter Rühren wie-

der erhitzen. Danach über geringer Hitze noch 1–2 Minuten ziehen lassen.
Zu Reis servieren.

Hühnerfleischbällchen im Reismantel »Bangkok«

200 g Reis (Basmati-Reis)
300 g Hühnerfleisch, feingehackt · 50 g Shrimps, feingehackt
100 g Champignons, feingehackt
½ Weißbrotscheibe, in Milch eingeweicht
1 Ei · 1 Zwiebel, feingewürfelt
1 nußgroßes Stück Ingwer, feingehackt
1 TL abgeriebene Zitronenschale · 1 EL Sojasauce
1 EL feingeschnittenes Koriandergrün · Salz
frischgemahlener schwarzer Pfeffer
einige große Eissalatblätter

Den Reis mindestens 2 Stunden in kaltem Wasser einweichen. Danach auf einem Sieb abtropfen lassen.
Das Hühnerfleisch mit den Shrimps, den Champignons, dem ausgedrückten Weißbrot und dem Ei vermischen. Die Zwiebelwürfel, den gehackten Ingwer, die abgeriebene Zitronenschale und die Sojasauce einarbeiten. (Das geht am besten mit den Knethaken des Handmixgeräts oder in der Küchenmaschine.)
Die Masse mit Salz und Pfeffer abschmecken und das Koriandergrün unterheben.
Mit nassen Händen Bällchen formen. Die Bällchen in den vorgeweichten Reiskörnern rollen. Die Reiskörner fest andrücken.
Einen Dämpfeinsatz oder ein Bambus-Dämpfkörbchen auf den Dreifuß in den Wok stellen und mit den Salatblättern auslegen.

Nur so viel kochendes Wasser in den Wok gießen, daß der Dämpfeinsatz noch fingerbreit über dem Wasser steht. Die Bällchen in einer Schicht auf die Salatblätter legen und im geschlossenen Wok 15–20 Minuten dämpfen.

Tip: Verwenden Sie für den Reismantel Basmati-Reis. Er ist besonders feinkörnig und seit geraumer Zeit auch in unseren Geschäften zu finden. Parboiled Reis eignet sich weniger gut.

Chili-Huhn in Kokosnußsauce

»Poulet au Coco«

500 g Hühnerfilet · 2 EL Öl
1 mittelgroße Zwiebel, feingewürfelt
1 Knoblauchzehe, feingehackt
1 rote Chilischote, feingehackt · 1 EL Rum oder Cognac
250 ml Kokosnußcreme
einige EL Hühnerbrühe oder Wasser · 1 Prise brauner Zucker
1 EL Koriandergrün, feingeschnitten
2–3 EL Kokosnußraspeln
Salz · frischgemahlener schwarzer Pfeffer

Das Hühnerfilet in 2 cm große Würfel schneiden und mit Salz und Pfeffer bestreuen. Den Wok erhitzen, die Kokosnußraspeln einstreuen und trocken, d. h. ohne Fett, hell anrösten. Herausschütten und bereithalten.
Das Öl im Wok erhitzen. Die Zwiebelwürfel, den gehackten Knoblauch und die gehackte Chilischote darin auf mittlerer Flamme dünsten, bis die Zwiebelwürfel glasig sind. Zur Seite

schieben, die Fleischwürfel einlegen und unter ständigem Wenden 3–4 Minuten anbraten.
Mit dem Rum oder Cognac ablöschen und diesen verkochen lassen. Die Kokosnußcreme einrühren und mit so viel Brühe oder Wasser verdünnen, daß die Fleischwürfel von der Sauce gerade eben bedeckt sind.
Zum Kochen bringen und über reduzierter Hitze etwa 15 Minuten kochen lassen. Anschließend das Koriandergrün unterheben und das Frikassee mit dem Zucker sowie mit Salz und frischgemahlenem Pfeffer abschmecken.
Mit den gerösteten Kokosnußraspeln bestreuen und zu Reis servieren.

Tip: »Poulet au Coco« stammt aus der kreolischen Küche, in der der französische Einfluß unverkennbar ist. Kokosnußcreme bekommen Sie in 280-g-Dosen in der Spezialitätenabteilung gutsortierter Supermärkte.

Geflügelleber mit Curry-Äpfeln

Für 2 Personen:

300 g Hühner- oder Putenleber

1 EL Öl · 1 EL Butter · 1 mittelgroße Zwiebel, feingewürfelt

1 großer Apfel (Delicious), geschält und gewürfelt

Saft von ½ Zitrone · 2 hartgekochte Eier, gepellt und grob gehackt

1 TL scharfes Currypulver · 2 TL Sherry · Salz

frischgemahlener schwarzer Pfeffer

Die Geflügelleber putzen, kalt abspülen, trockentupfen und in mundgerechte Stücke schneiden. Die Apfelwürfel im Zitronensaft wenden, damit sie sich nicht verfärben.

Das Öl zusammen mit der Butter im Wok erhitzen. Die Zwiebelwürfel einstreuen und glasig dünsten. Die Leber zusammen mit den Apfelwürfeln, den gehackten Eiern und dem Sherry zugeben. (Eventuell noch etwas Butter zufügen.) Mit Currypulver, Salz und Pfeffer würzen.
Damit das Gericht nicht unansehnlich wird, nicht länger als 3 Minuten über mittlerer Hitze sautieren.
Zu Reis oder als leichtes Mittagessen auf Toast servieren.

Pfannengerührte Putenschnitzel mit Brokkoli

Für 2–3 Personen:

300 g Putenbrust, in dünne Streifen geschnitten
3 EL Sherry · 2 EL Speisestärke · 1 Eiweiß, verquirlt
4 EL Öl · 1 EL Butter · 400 g Brokkoli
1 Knoblauchzehe, feingehackt
1 nußgroßes Stück Ingwer, feingehackt
1 EL helle Sojasauce · 6 EL Wasser
1 TL gekörnte Hühnerbrühe · ½ TL gemahlene Muskatblüte
Salz · frischgemahlener Pfeffer

Die Fleischstreifen mit 2 EL Sherry beträufeln, mit Salz und frischgemahlenem Peffer würzen, mit der Speisestärke bestäuben und mit dem verquirlten Eiweiß befeuchten. Zugedeckt für mindestens 2 Stunden in den Kühlschrank stellen. Vor dem Braten herausnehmen und Zimmertemperatur annehmen lassen.
Den Brokkoli in Röschen zerpflücken. Die Stiele schälen und in dünne Scheiben schneiden. 2 EL Öl im Wok erhitzen. Den gehackten Knoblauch und Ingwer einstreuen und 30 Sekunden an-

dünsten. Den Brokkoli zufügen, mit einer Prise Salz bestreuen und 1 Minute pfannenrühren. Den restlichen Sherry und die Sojasauce angießen. Die Hitze reduzieren und den Brokkoli zugedeckt 4–5 Minuten dünsten. In eine vorgewärmte Servierschüssel geben und warm halten.

Das restliche Öl zusammen mit der Butter im Wok erhitzen. Die Fleischstreifen in einer Schicht ins heiße Fett legen. Nach 1–2 Minuten wenden, auseinanderzupfen und weitere 1 ½ Minuten pfannenrühren. Über dem Brokkoli anrichten und servieren.

Putengeschnetzeltes in Zitronen-Kapern-Butter

Wie Kalbfleisch verträgt auch Putenfleisch kräftige Gewürze. Kapern in Zitronen-Butter sind eine typische Sauce für ein italienisches Kalbfleischgericht, die »Scaloppine con limone e capperi«. Sie schmeckt jedoch ebenso gut zu geschnetzeltem Putenbrustfleisch.

Für 2 Personen:
2 Putenschnitzel von je etwa 125 g
2 EL Mehl · 2 EL Butter · Saft von ½ Zitrone
1 kleines Glas trockener Weißwein
1 EL Kapern, grob zerdrückt · 1 TL kalte Butter · Salz
frischgemahlener schwarzer Pfeffer

Die Putenschnitzel flachklopfen und diagonal in breite Streifen schneiden. Das Mehl mit einer Prise Salz und reichlich frischgemahlenem Pfeffer vermischen. Das Fleisch im Mehl wenden und überflüssiges Mehl abschütteln.

Die Butter im Wok erhitzen. Die Fleischstreifen in einer Schicht einlegen und 2 Minuten braten. Danach wenden, 2 weitere Minuten braten und zur Seite schieben. Den Zitronensaft einrühren und die Fleischstreifen in der Sauce wenden. Anschließend den Wein angießen und etwa 1 Minute einkochen lassen. Die Fleischstreifen mit Salz und Pfeffer würzen. Herausheben und in eine vorgewärmte Servierschüssel geben.
Die Kapern in der Sauce erhitzen und die kalte Butter in kleinen Flocken einrühren. Die Fleischstreifen mit der heißen Sauce überziehen und servieren.

Entenbrust mit Mandarinen und Ananas

(Foto Seite 107)

Für 2 Personen:

1 Entenbrust · 1 EL Akazienhonig

1 EL dunkle Sojasauce · 1 Prise Ingwerpulver

1 EL Öl · Salz · frischgemahlener schwarzer Pfeffer

Für die Sauce:

1 kleine Dose Mandarinen · 4 Scheiben Ananas

Saft von 1 Orange und 1 Limette · 2 TL Speisestärke

200 ml Geflügelbrühe · Limettenschale in feinen Streifen

1 EL Cointreau · 2 TL helle Sojasauce

1 Prise Cayennepfeffer

Den flüssigen Honig mit der Sojasauce und dem Ingwerpulver verrühren. Die Mischung auf die Hautseite der Entenbrust streichen und antrocknen lassen. Anschließend die Entenbrust längs halbieren und quer in etwa 2 cm breite Streifen schneiden.

Die Mandarinenschnitze auf einem Sieb abtropfen lassen. Die Ananasscheiben würfeln.
Den Wok erhitzen und mit wenig Öl ausstreichen. Die Bruststreifen mit der Hautseite nach unten einlegen und braun anbraten. Danach etwa 4 Minuten pfannenrühren. Mit Salz und Pfeffer würzen, herausheben und warm halten. Überschüssiges Fett mit einem Löffel aus dem Wok schöpfen.
Für die Sauce den Orangen- und Limettensaft mit der Brühe vermischen und damit den Bratensatz ablöschen. Die Speisestärke mit 2 EL kaltem Wasser verrühren und in die Sauce rühren.
Die Mandarinenschnitze und Ananaswürfel einlegen. Die Limettenschalenstreifen einstreuen. Die Sauce zum Kochen bringen und rühren, bis sie andickt. Mit einigen Spritzern Cointreau, einer Prise Cayennepfeffer und etwas Salz abschmecken.
Die Entenbruststreifen samt ihrem Saft in den Wok zurückgeben. Kurz erhitzen und abseits der Hitze einige Minuten ziehen lassen.
Zu Reis servieren.

Fleisch, Wild und Innereien

Nur beste Fleischstücke, wie etwa Filet, Rumpsteak oder Lende, eignen sich für schnelles Pfannenrühren. Leider sind sie auch die teuersten. Doch man braucht selten große Mengen. Denn wenig ergibt im Wok viel. Verwenden Sie für das Hasen- und Rehgeschnetzelte die dünnen Filetstränge, die unterhalb der Knochen liegen, die Filets mignons. Sie sind besonders zart, sehen aber, wenn man sie im Ganzen brät, etwas kärglich auf dem Teller aus. Geschnetzelt aus dem Wok zusammen mit Pilzen oder einer pikanten Sauce verfehlen sie jedoch ihren Eindruck nicht.

Bœuf Stroganoff

Für 2 Personen:

300 g Rinderfilet · 2 EL Mehl · 2 EL Öl

1 Schalotte, feingewürfelt

150 g kleine, feste Champignons, in dünne Scheiben geschnitten

½ TL feingehackter Thymian · 1 EL Butter

100 ml klare Rinderbrühe · 150 ml saure Sahne

2 EL Sherry Amontillado, nach Belieben

Salz · frischgemahlener schwarzer Pfeffer

Cornichons, fächerförmig aufgeschnitten, als Garnitur

Das Rinderfilet in dünne, ½ cm breite und 5 cm lange Streifen schneiden. In einer kleinen Schale 1½ EL Mehl mit 1 Prise Salz und reichlich frischgemahlenem schwarzen Pfeffer vermischen. Die Filetstreifen darin wenden.
Das Öl im Wok auf großer Flamme erhitzen. Die Filetstreifen einstreuen und unter ständigem Rühren kurz anbräunen. Herausheben und warm halten.
Im selben Fett die Schalottenwürfel über mittlerer Hitze glasig dünsten. Die Pilze und den Thymian einstreuen und etwa 4 Minuten pfannenrühren. Herausheben und warm halten.
Die Butter in den Wok geben. Das restliche Mehl (½ EL) anstäuben und 1–2 Minuten hell anschwitzen.
Mit dem Sherry ablöschen und die Rinderbrühe angießen. Unter ständigem Rühren zum Kochen bringen. Weiterrühren, bis die Sauce andickt. Die saure Sahne einrühren und die Sauce mit Salz und frischgemahlenem Pfeffer abschmecken.
Die Fleischstreifen und die Pilze unter die Sauce heben und darin ziehen lassen, bis sie wieder erhitzt sind.
Das Bœuf Stroganoff auf zwei vorgewärmte Teller verteilen und nach Belieben mit fächerförmig aufgeschnittenen Cornichons garnieren. Baguettebrot oder Reis dazu reichen.

Scharfgewürzte Rindfleischstreifen mit fritierter Petersilie

Für 2–3 Personen:

400 g Rumpsteak · 2 Karotten · 4 EL Öl

1 TL Ingwer, feingehackt · ½ rote Chilischote, feingehackt

1 Knoblauchzehe, feingehackt

1 EL chinesische Austernsauce · Salz

Für die Marinade:

1 EL Sherry · 1 EL dunkle Sojasauce

1 EL Apfeldicksaft (im Reformhaus erhältlich)

1 TL Ingwerwurzel, feingehackt

1 TL Speisestärke · 1 TL Öl

Für die Garnitur:

1 Bund krause Petersilie · 6–8 EL Öl zum Fritieren

Die Rumpsteaks in ½ cm breite und 5 cm lange Streifen, die Karotten in streichholzdünne Streifen schneiden.

Die Zutaten für die Marinade in einer Schüssel verrühren und die Rindfleischstreifen darin wenden. Zugedeckt mindestens 30 Minuten bei Zimmertemperatur marinieren. Danach herausheben und auf einem Sieb über einer Schüssel abtropfen lassen. Die Marinade auffangen und bereithalten.

Die Hälfte des Öls im Wok auf mittlerer Flamme erhitzen. Den Ingwer einstreuen, kurz pfannenrühren und die Karottenstreifen zufügen. Unter ständigem Rühren 1–2 Minuten garen. Danach mit einem Sieblöffel herausheben und bereithalten.

Das restliche Öl in den Wok gießen und stark erhitzen. Die Rindfleischstreifen in kleinen Portionen einstreuen und unter ständigem Rühren von allen Seiten anbraten.

Anschließend in einer Schicht auf dem Wokboden ausbreiten und etwa 5–6 Minuten braten, bis der Bratenfond fast ganz eingekocht ist. Die Fleischstreifen dabei mehrmals wenden.
Das Fleisch an die Seite schieben, den gehackten Chili und Knoblauch auf den Wokboden streuen und ½ Minute andünsten. Die Austernsauce sowie die bereitgehaltene Marinade einrühren, mit den Fleischstreifen vermischen und die Karottenstreifen unterheben. Aufkochen und eine knappe Minute pfannenrühren. Abseits vom Feuer das Fleisch noch etwas in der Sauce ziehen lassen.
Die Petersilie waschen, schleudern und auf Küchenpapier ausgebreitet trocknen lassen, damit sie beim Einlegen ins heiße Öl nicht spritzt. Die Stiele kurz abschneiden. Unmittelbar vor dem Anrichten im Wok portionsweise im heißen Öl kurz fritieren, bis sie sich dunkelgrün verfärbt. Sofort herausheben, auf Küchenpapier abtropfen lassen und noch heiß mit etwas Salz bestreuen.
Die Rindfleisch- und Karottenstreifen auf 4 Teller verteilen, mit der fritierten Petersilie umlegen und servieren.

Tip: Für dieses Gericht sollten Sie chinesische Austernsauce verwenden, die Sie in der Spezialitätenabteilung von gutsortierten Supermärkten finden. Die Austernsauce schmeckt keineswegs »nach Fisch«, sondern rundet den Fleischgeschmack überraschend gut ab.

Steaks nach Art der Pizzabäcker

»Bistecca alla Pizzaiola«

4 kleine Rumpsteaks von je etwa 150 g

2 EL Mehl · 1 Dose geschälte Tomaten (400 g)

2 EL Olivenöl · 2 geschälte Knoblauchzehen

6 EL Rotwein · 1 TL getrockneter Oregano

2 EL Pinienkerne · 1 EL Sultaninen nach Belieben

Den Fettrand der Rumpsteaks entfernen. Die Steaks quer in 3 cm breite Streifen schneiden und im Mehl wenden. Überschüssiges Mehl abschütteln. Die Tomaten auf einem Sieb abtropfen lassen und den Saft auffangen. Die Tomaten in Scheiben schneiden.

Das Öl im Wok erhitzen. Die Knoblauchzehen zufügen und 1 Minute pfannenrühren. Die Fleischstreifen portionsweise einstreuen und unter Rühren von allen Seiten anbräunen. Herausheben und warm halten.

Den Bratensatz mit dem Rotwein ablöschen. Auf großer Flamme den Rotwein auf die Hälfte einkochen lassen. Die Tomatenscheiben und etwa die Hälfte ihres Saftes zufügen. Die Sauce mit Salz, frischgemahlenem Pfeffer und Oregano würzen. (Falls Sultaninen verwendet werden, diese jetzt zufügen.) Die Sauce unter Rühren zum Kochen bringen und 6–8 Minuten auf kleiner Flamme einkochen.

Die Fleischstreifen zurück in den Wok geben und einige Minuten in der Sauce ziehen lassen.

Mit Pinienkernen bestreuen und zu Tagliatelle servieren.

Sichuan-Geschnetzeltes

400 g Rumpsteak ohne Fettrand

3 EL Speisestärke · 1 Ei · 1 TL Sojasauce

6 EL Öl · 1 nußgroßes Stück Ingwer, feingehackt

½ rote Chilischote, feingeschnitten

1 Karotte, in dünne Streifen geschnitten

2 Stangen Staudensellerie, in dünne Streifen geschnitten · Salz

FÜR DIE SAUCE:

2 TL Speisestärke · 2 EL Wasser · 2 EL Sherry

1 EL Sojasauce · 1 EL Essig · 1 TL gekörnte Brühe

1 TL brauner Rohrzucker · 1 TL Worcestershiresauce

Das Fleisch für etwa 20 Minuten ins Tiefkühlfach legen, damit es sich besser schnetzeln läßt. Danach in ½ cm dicke Scheiben und diese in ½ cm breite Streifen schneiden. Die Sojasauce mit der Speisestärke, dem Ei und einer Prise Salz verquirlen.

Die Fleischstreifen in dieser Mischung wenden. In kleinen Portionen im heißen Öl in etwa 4 Minuten unter ständigem Rühren kroß ausbraten. Mit dem Sieblöffel herausheben und warm halten.

Das Öl bis auf einen Eßlöffel aus dem Wok gießen. Den Knoblauch, den Chili sowie die Karotten- und Selleriestreifen einstreuen und 2 Minuten pfannenrühren.

Die Zutaten für die Sauce verquirlen und über die Gemüsestreifen gießen. Unter Rühren zum Kochen bringen und etwa 1 Minute kochen lassen. Danach abschmecken und die Fleischstreifen unter die Sauce heben. Nur einige Sekunden pfannenrühren und sofort servieren.

Marinierte Rindfleischstreifen

»Fajitas«

2 Rinderrouladen zu je 200 g

4 EL Olivenöl · 150 ml kräftiger Rotwein

Saft von 1 Limette · 2 Knoblauchzehen, feingehackt

1 rote Chilischote, feingehackt

½ TL gemahlener Kreuzkümmel

etwas feingeschnittenes Koriandergrün · Salz

frischgemahlener schwarzer Pfeffer

Die Rouladen klopfen und in 2 cm breite und etwa 10 cm lange Streifen schneiden. In eine Schüssel legen und mit 2 EL Olivenöl beträufeln.

Für die Marinade den Rotwein mit dem Limettensaft, dem Knoblauch, der Chilischote sowie dem Kreuzkümmel vermischen und über die Fleischstreifen gießen. Die Fleischstreifen einige Stunden marinieren. Danach aus der Marinade heben und auf einem Sieb abtropfen lassen. Die Flüssigkeit auffangen.

Das restliche Öl im Wok erhitzen. Die Fleischstreifen portionsweise unter ständigem Rühren auf großer Flamme braten. Herausheben, mit Salz und Pfeffer würzen und warm halten.

Den Bratensatz mit der aufgefangenen Marinade ablöschen. Die Flüssigkeit schnell um die Hälfte einkochen. Die Sauce abschmecken und über die Fleischstreifen gießen.

Tip: Reichen Sie zu dieser mexikanischen Spezialität Tortillas, Fladenbrot oder Weißbrot.

Thailändische Fleischklößchen in Currysauce

»Luk Nua«

Für 2–3 Personen:

150 g mageres Rindergehacktes

150 g gehacktes Schweinefleisch · ½ Scheibe Weißbrot

1 verquirltes Ei · 1 kleine Zwiebel, feingewürfelt

1 Knoblauchzehe, feingehackt

1 EL Koriandergrün, fein zerschnitten · geriebene Muskatnuß

Salz · frischgemahlener schwarzer Pfeffer

Mehl zum Wenden der Klößchen · 2–3 EL Öl

1 EL frisches Basilikum, in feine Streifen geschnitten

FÜR DIE SAUCE:

2 TL milde Curry-Paste · 1 EL Erdnußbutter

250 ml Kokosnußmilch · 1 TL brauner Zucker

½ TL Sardellenpaste

In einer Schüssel das gehackte Fleisch mit dem in Wasser eingeweichten und gut ausgedrückten Weißbrot, dem verquirlten Ei, den Zwiebelwürfeln und dem gehackten Knoblauch vermischen. Das Koriandergrün einarbeiten und die Masse mit reichlich geriebener Muskatnuß sowie mit Salz und Peffer würzen. Zu 5 cm großen Klößchen formen und in Mehl wenden.

Das Öl im Wok erhitzen und die Fleischklößchen hineingeben. Den Wok schwenken, so daß die Klößchen gleichmäßig braun braten, danach herausheben.

Für die Sauce die Curry-Paste und die Erdnußbutter in das Bratfett rühren. Danach die Kokosnußmilch, den Zucker und die Sardellenpaste einrühren. Die Sauce zum Kochen bringen und die

Fleischklößchen einlegen. Auf kleiner Flamme einige Minuten in der Sauce ziehen lassen. Mit feingeschnittenem Basilikum bestreuen und zu Reis servieren.

Mexikanisches Haschee

»Picadillo«

4 EL Rosinen · 1 Glas Rotwein · 3 EL Öl
1 Zwiebel, feingewürfelt · 2 Knoblauchzehen, feingehackt
500 g mageres Rinder- und Schweinehackfleisch
2 TL Mehl · 1 kleine Dose Tomatenmark
2 Gewürznelken, grob zerstoßen
1 Prise gemahlener Kreuzkümmel · 1 gestrichener TL Zimt
1 gestrichener TL Cayennepfeffer
1 EL Koriandergrün, feingeschnitten · Salz

Die Rosinen in Rotwein einweichen. Das Öl im Wok erhitzen. Die Zwiebelwürfel sowie den gehackten Knoblauch einstreuen und kurz andünsten. Das Hackfleisch zufügen, mit dem Kochlöffel zerzupfen und unter Rühren 2–3 Minuten anbraten.
Anschließend das Mehl anstäuben und das Tomatenmark, die Gewürze sowie die Rosinen samt dem Rotwein einrühren.
Das Haschee auf kleiner Flamme unter gelegentlichem Rühren etwa 20 Minuten kochen lassen. Dabei eventuell noch einen Schuß Rotwein oder etwas Brühe zufügen. Abschmecken und nach Belieben feingeschnittenes Koriandergrün unterheben.

Tip: Kenner der mexikanischen Küche füllen mit diesem Haschee Tacos und Tortillas. Versuchen Sie einmal mit Picadillo gefüllte Crèpes, oder servieren Sie es zu Reis oder Spaghetti.

Huhn mit Cashewnüssen »Kung-Po« (Rezept Seite 69)

Hackfleisch-Curry

»Keema Curry«

500 g Hackfleisch (vom Rind)

2 EL Butterschmalz · 1 große Gemüsezwiebel, gewürfelt

2 Knoblauchzehen, feingehackt

1 nußgroßes Stück Ingwer, feingehackt · 2–3 TL Currypulver

½ TL gemahlener Kardamom

1 Dose geschälte Tomaten (400 g) · 200 g Tiefkühlerbsen

1 EL Koriandergrün, feingeschnitten · Salz

Das Butterschmalz im Wok auf großer Flamme erhitzen. Das Hackfleisch ins heiße Fett geben und unter Rühren braten, bis es seine rohe Farbe verloren hat. Herausnehmen und warm halten.

Anschließend die Zwiebelwürfel, den Knoblauch sowie den Ingwer in den Wok streuen und unter Rühren glasig dünsten. Danach das Currypulver und den gemahlenen Kardamom einrühren.

Das Fleisch und die Tomaten samt ihrem Saft zufügen, mit dem Kochlöffel zerkleinern, salzen und zum Kochen bringen. Auf kleiner Flamme unter ständigem Rühren etwa 5 Minuten kochen lassen.

Danach die aufgetauten Erbsen unterheben. Zugedeckt auf kleiner Flamme 10–15 Minuten garen. Kurz vor Ende der Garzeit das feingeschnittene Koriandergrün unterheben.

Den Curry abschmecken und zu Reis servieren.

Süß-saures Schweinefleisch auf chinesische Art

400 g Schweinefilet · 1 Eiweiß, verquirlt

2 EL Speisestärke · 1 grüne Paprikaschote

4 Scheiben Ananas (Konserve) · 2 EL geschälte Mandeln

3–4 EL Öl · Salz · frischgemahlener schwarzer Pfeffer

Für die Sauce:

1 EL Speisestärke · 2 EL Wasser

1 EL helle Sojasauce · 2 EL Apfelessig

1 EL Zucker oder Birnendicksaft (im Reformhaus erhältlich)

Saft von ½ Orange · 1 TL Tomatenmark

einige Tropfen Tabasco

Den Filetstrang mit Salz und Pfeffer bestreuen. Der Länge nach halbieren und in etwa 1 cm dicke Scheiben schneiden. Diese in verquirltem Eiweiß wenden und mit Speisestärke bestäuben.

Die Paprikaschote halbieren, den Samenstand entfernen und das Fruchtfleisch in Rauten schneiden. Die Ananasscheiben würfeln.

Das Öl im Wok erhitzen. Die Mandeln einstreuen und hell anrösten. Herausheben und bereithalten. Anschließend die Filetscheiben portionsweise ins heiße Öl geben und 3–4 Minuten pfannenrühren. Mit einem Sieblöffel herausheben und warm halten. Das Öl bis auf einen Eßlöffel abgießen.

Die Paprikastücke und Ananaswürfel in den Wok geben und 2 Minuten pfannenrühren.

Alle Zutaten für die Sauce verquirlen und in den Wok gießen. Unter Rühren zum Kochen bringen. Wenn die Sauce bindet, die Filetscheiben unterheben und kurz in der Sauce erhitzen.

Mit den gerösteten Mandeln bestreuen und servieren.

Tip: Der milde Apfelessig entspricht etwa dem Reisweinessig, der in China für dieses Gericht verwendet wird. Die fruchtige Süße des Birnendicksaftes rundet den Geschmack der Sauce gut ab und tritt nicht so stark hervor wie Zucker.

Schweinelende mit Brokkoli, Mais und Paprika

400 g Schweinefilet · 150 g Brokkoliröschen

1 Dose zarte Mini-Maiskolben · 2 Knoblauchzehen, feingehackt

3 EL Öl · 1 mittelgroße Zwiebel, in Streifen geschnitten

1 rote Paprikaschote, in dünne Streifen geschnitten

1 nußgroßes Stück Ingwer, feingehackt

2 EL helle Sojasauce · ¼ rote Chilischote, feingehackt

Salz · frischgemahlener Pfeffer

Das Filet für 20 Minuten ins Tiefkühlfach legen, damit es ansteift und sich besser schneiden läßt. Danach in dünne Scheiben schneiden und mit dem feingehackten Knoblauch vermischen. Die kleinen Maiskolben aus der Dose nehmen und längs halbieren.

Das Öl im Wok erhitzen. Die Fleischscheiben portionsweise hineingeben. Salzen, pfeffern und unter ständigem Rühren in 2–3 Minuten anbräunen. Herausheben und warm halten.

Anschließend die Zwiebel- und Paprikastreifen in den Wok streuen und etwa 3 Minuten pfannenrühren. Die Filetscheiben, die Brokkoliröschen und die halbierten Maiskölbchen unterheben.

Mit dem gehackten Ingwer sowie der Soja- und Tabascosauce würzen. Weitere 3–4 Minuten pfannenrühren. Mit Salz, Pfeffer abschmecken. Sofort servieren.

Schweinelende mit Litschis

400 g Schweinefilet, in ½ cm breite Streifen geschnitten
1 gehäufter TL Speisestärke · 1 EL helle Sojasauce · 1 EL Sherry
1 TL Tomatenmark · 2 EL Öl
1 nußgroßes Stück Ingwer, in feine Streifen geschnitten
1 Knoblauchzehe, zerdrückt
¼ rote Chilischote, entkernt und feingehackt
4 EL Brühe oder Wasser · 200 g Litschis (Konserve)
Salz · frischgemahlener Pfeffer
1 TL Koriandergrün, feingeschnitten

Die Fleischstreifen in eine Schüssel geben und mit der Speisestärke bestäuben. Die Sojasauce mit dem Sherry sowie dem Tomatenmark verrühren und mit dem Fleisch vermischen. Die Fleischstreifen 10 Minuten ruhen lassen.
Das Öl im Wok erhitzen. Den Ingwer, den Knoblauch und den Chili zufügen und kurz pfannenrühren. Die Fleischstreifen einstreuen und unter ständigem Rühren 2–3 Minuten braten. Mit der Brühe ablöschen, danach die abgetropften Litschis unterheben. Auf großer Flamme weitere 1–2 Minuten pfannenrühren. Mit dem feingeschnittenen Koriandergrün bestreuen und servieren.

Debrecziner Würstchengulasch

4 große Kartoffeln, geschält und gewürfelt
4 Debrecziner Würstchen, in Scheiben geschnitten
4 EL Öl · 1 Gemüsezwiebel, halbiert und in Streifen geschnitten
2–3 Knoblauchzehen, feingehackt
je 1 grüne und gelbe Paprikaschote, halbiert und in dünne Streifen geschnitten
1 kleine Dose passierte Tomaten · 1 EL Paprikapulver edelsüß
125 ml Rinderbrühe · 100 ml saure Sahne · Salz
frischgemahlener schwarzer Pfeffer

Die Kartoffelwürfel in kochendem Salzwasser etwa 3–4 Minuten vorgaren. Herausheben und auf einem Sieb abtropfen lassen.
Inzwischen das Öl im Wok auf großer Flamme erhitzen. Die Wurstscheiben einstreuen und 2 Minuten pfannenrühren. Die Zwiebelstreifen und den gehackten Knoblauch zufügen und über reduzierter Hitze unter Rühren glasig dünsten.
Die Paprikastreifen und die abgetropften Kartoffelwürfel unterheben und 2–3 Minuten pfannenrühren. Das Paprikapulver anstäuben. Vorsichtig durchrühren, bis alle Zutaten gleichmäßig vom Paprikapulver überzogen sind.
Die passierten Tomaten, eine Prise Salz und soviel Rinderbrühe zufügen, daß die Mischung knapp bedeckt ist. Zum Kochen bringen und auf kleiner Flamme unter gelegentlichem Rühren so lange garen, bis die Kartoffelwürfel weich sind. Die saure Sahne einrühren und das Gulasch mit Salz und Pfeffer abschmecken.

Zürcher Geschnetzeltes

500 g Kalbfleisch (Oberschale), geschnetzelt
1 EL Öl · 1 EL Butter · 1 Zwiebel, feingewürfelt
250 g kleine feste Champignons, blättrig geschnitten
125 ml Weißwein · 250 ml Sahne
1 EL glattblättrige Petersilie, feingeschnitten
1 Prise mildes Paprikapulver
Salz · frischgemahlener schwarzer Pfeffer

Das Öl zusammen mit der Butter im Wok erhitzen. Das geschnetzelte Kalbfleisch in kleinen Portionen nacheinander im heißen Fett jeweils nur 1 Minute unter ständigem Rühren anbraten.
Mit dem Sieblöffel herausheben und in eine Schüssel geben. Erst danach mit einer Prise Paprikapulver, Salz und frischgemahlenem Pfeffer würzen.
Anschließend die Zwiebelwürfel und die Champignons in der Bratbutter etwa 3 Minuten andünsten. Mit einer Prise Salz würzen und mit dem Weißwein ablöschen. Die Flüssigkeit stark einkochen lassen. Danach die Sahne zugießen und unter ständigem Rühren um die Hälfte einkochen.
Die Sauce mit Salz und frischgemahlenem Pfeffer abschmecken. Das Geschnetzelte in die Sauce geben und die feingeschnittene Petersilie unterheben. Nochmals kurz erhitzen, jedoch nicht mehr zum Kochen bringen, da es sonst zäh wird. Dazu Rösti servieren.

Kalbfleischschnitzel in Marsala auf italienische Art

»Scaloppine di vitello alla Marsala«

4 kleine Kalbsschnitzel · 1–2 EL Mehl
2 EL Butterschmalz · 2 Schalotten, feingewürfelt
100 g Champignons, in dünne Scheiben geschnitten
125 ml Marsala · Salz · frischgemahlener Pfeffer
1 Zitrone, in Achtel geschnitten

Die Kalbsschnitzel zwischen zwei Bögen Pergamentpapier mit einem Fleischklopfer flachklopfen. Danach jedes diagonal in 3 breite Streifen schneiden. Das Mehl mit etwas Salz und reichlich frischgemahlenem Pfeffer vermischen. Die Fleischstreifen im gewürzten Mehl wenden. Überschüssiges Mehl abschütteln.
Das Butterschmalz im Wok erhitzen. Die Fleischstreifen darin portionsweise von beiden Seiten anbräunen. Herausnehmen und warm halten.
Anschließend die Schalottenwürfel und die Pilze in den Wok geben. Unter ständigem Rühren dünsten, bis die Schalotten glasig sind und der Pilzsaft eingekocht ist.
Das Fleisch zurück in den Wok geben, mit Salz und frischgemahlenem Peffer würzen. Den Marsala angießen und zum Kochen bringen. Die Scaloppine zugedeckt auf kleiner Flamme in etwa 10 Minuten weichschmoren. Herausnehmen und in eine vorgewärmte Servierschüssel legen.
Die Sauce auf großer Flamme leicht einkochen lassen. Die Scaloppine mit der Sauce überziehen und servieren.

Grüner Lamm-Curry

»Sag Gosht«

Auf Hindi bedeutet »Gosht« Lamm und »Sag« Spinat. Dieser milde, cremige Curry ist einem authentischen nordindischen Curry nachempfunden. Servieren Sie ihn zu Reis, den Sie mit einigen Safranfäden im Kochwasser gelb gefärbt haben.

500 g Lammfleisch (aus der Keule)
2 EL Butterschmalz · 1 mittelgroße Zwiebel, gewürfelt
1 Knoblauchzehe, feingehackt
1 nußgroßes Stück Ingwer, feingehackt
1 EL milde Currypaste
1 gestrichener TL gemahlener Kardamom
300 g tiefgekühlter Rahmspinat, aufgetaut
2–3 EL Sahnejoghurt
1 EL Koriandergrün, feingeschnitten · Salz

Das Lammfleisch in Würfel schneiden.
Das Butterschmalz im Wok auf großer Flamme erhitzen. Die Lammfleischwürfel portionsweise unter Rühren anbräunen, salzen und zur Seite schieben. Die gewürfelte Zwiebel sowie den gehackten Knoblauch einstreuen und glasig dünsten.
Die Currypaste und den gemahlenen Kardamom einrühren. Den aufgetauten Rahmspinat zufügen und unter ständigem Rühren zum Kochen bringen. Auf kleiner Flamme die Lammfleischwürfel unter Rühren weichgaren. Falls zu wenig Flüssigkeit vorhanden ist, noch 2–3 EL Sahnejoghurt einrühren. Das feingeschnittene Koriandergrün unterheben und den Curry abschmecken.

Lammfilet mit grünen Bohnen auf thailändische Art

400 g Lammfilet · 200 g Kenia-Bohnen, geputzt
3 EL Öl · 1 Zwiebel, gewürfelt
1 Knoblauchzehe, feingehackt
1 rote Chilischote, entkernt und feingehackt
1 EL Sojasauce · ½ TL Sardellenpaste
1 Prise brauner Zucker · 1 EL Koriandergrün, feingeschnitten
Salz · frischgemahlener schwarzer Pfeffer

Das Lammfilet 20 Minuten im Tiefkühlfach ansteifen, damit es sich besser schnetzeln läßt. Anschließend in 2 cm breite Streifen schneiden. Die Bohnen je nach Länge halbieren oder dritteln.

2 EL Öl im Wok erhitzen. Die Zwiebelwürfel, den Knoblauch und den Chili einstreuen und 1 Minute andünsten. Danach die Bohnen zufügen und über mittlerer Hitze etwa 5 Minuten pfannenrühren, bis sie gar, aber noch etwas bißfest sind. Herausheben und warm halten.

Das restliche Öl im Wok auf großer Flamme erhitzen. Die Lammfleischstreifen einstreuen und schnell von allen Seiten anbräunen.

Danach die Sojasauce, die Sardellenpaste und den Zucker einrühren. Die Bohnen wieder zufügen und das Koriandergrün unterheben. Weitere 2–3 Minuten pfannenrühren und servieren.

Lammfilet mit Frühlingszwiebeln

400 g Lammfilet · 4 EL Öl · 1 Knoblauchzehe

1 nußgroßes Stück Ingwer, feingehackt

6–8 dünne Frühlingszwiebeln, in etwa 3 cm lange Stücke geschnitten

2 EL Sherry · 2 EL Sojasauce · 1 TL Speisestärke

½ TL gekörnte Hühnerbrühe

Salz · frischgemahlener schwarzer Pfeffer

Das Lammfilet für etwa 15 Minuten ins Tiefkühlfach legen, damit es ansteift und sich besser in ½ cm dünne Scheiben schneiden läßt. Die Filetscheiben in eine Schüssel geben und mit 2 EL Öl sowie dem feingehackten Knoblauch vermischen. Mindestens 20 Minuten bei Zimmertemperatur ruhen lassen.
Für die Sauce den Sherry mit der Sojasauce, der Speisestärke, der gekörnten Brühe und 3–4 EL heißem Wasser verrühren.
Das restliche Öl im Wok auf großer Flamme erhitzen. Die Filetscheiben portionsweise eine halbe Minute unter Rühren braten. Herausheben, mit Salz und frischgemahlenem Pfeffer würzen und warm halten.
Anschließend die Frühlingszwiebeln in den Wok streuen und 1 Minute pfannenrühren. Die Saucenmischung zugießen und unter Rühren zum Kochen bringen. Die Filetscheiben wieder in den Wok geben und kurz pfannenrühren.
Abschmecken und servieren.

Kalbsleber auf venezianische Art

400 g Kalbsleber, in dünne Scheiben geschnitten
2–3 weiße Zwiebeln, in dünne Ringe geschnitten · 1 EL Öl
2 EL Butter · 5 EL trockener Weißwein · Salz
frischgemahlener schwarzer Pfeffer
1 EL glattblättrige Petersilie, feingeschnitten

Das Öl und die Hälfte der Butter im Wok erhitzen. Die Zwiebelringe einstreuen und unter Rühren über mittlerer Hitze 2–3 Minuten andünsten. Mit etwas Salz und Pfeffer würzen und den Wein einrühren. Den Wok-Deckel auflegen und die Zwiebelringe auf kleiner Flamme in etwa 8 Minuten weichschmoren.
Inzwischen die Kalbsleberscheiben in 2 cm breite Streifen und diese in etwa 3 cm große Abschnitte schneiden.
Die Zwiebelringe mit dem Sieblöffel herausheben und warm halten.
Die restliche Butter im Wok erhitzen. Die Leberscheibchen portionsweise im heißen Fett von beiden Seiten je etwa 1 Minute braten. Sie müssen innen noch rosa sein. Danach erst mit Salz und Pfeffer würzen. Die Zwiebelringe zurück in den Wok geben und mit der gebratenen Leber vermischen. Die Petersilie unterheben. Noch 1–2 Minuten über milder Hitze ziehen lassen.

Tip: In Venedig serviert man dazu Polentascheiben. Reis oder Weißbrot tun es aber auch.

Gewürfelte Rinderleber mit Salbei und Schinkenspeck

400 g Rinderleber · kalte Milch · 4 EL Mehl

1 EL Öl · 1 EL Butter

4 Scheiben Schinkenspeck, quer in dünne Streifen geschnitten

8 frische Salbeiblätter, in Streifen geschnitten

Salz · frischgemahlener schwarzer Pfeffer

Die Rinderleber für eine halbe Stunde in kalte Milch legen. Danach herausheben, trockentupfen, in Würfel schneiden und in Mehl wenden.

Das Öl zusammen mit der Butter im Wok erhitzen. Die Speckstreifen zufügen und anbraten. Den Salbei einstreuen und ½ Minute pfannenrühren.

Die Leberwürfel ins heiße Fett geben. Auf mittlerer Flamme unter ständigem Rühren 3–4 Minuten braten. Wenig salzen – der Speck ist bereits salzig – aber reichlich mit frischgemahlenem schwarzen Pfeffer würzen.

Dazu Kartoffelpüree servieren.

Kalbsnieren in französischer Senfsauce

Für 2 Personen:

1 Kalbsniere · 1 EL Öl · 1 EL Butter

1 kleine Schalotte, feingewürfelt · 3 EL Cognac

2 TL körniger Senf (Moutarde de Meaux) · 100 ml Sahne

Salz · frischgemahlener schwarzer Pfeffer

Die Niere von Fett und Haut befreien, längs halbieren und den weißen Mittelstrang entfernen. Die Niere in Würfel schneiden, mit Salz und frischgemahlenem Pfeffer würzen.
Das Öl im Wok erhitzen. Die Nierenwürfel auf großer Flamme unter ständigem Rühren schnell von allen Seiten anbräunen. Sie sollen innen noch rosa sein. Die Fleischwürfel herausnehmen und warm halten.
Die Butter im Wok über mittlerer Flamme erhitzen. Die Schalottenwürfel einstreuen und glasig dünsten. Anschließend mit dem Cognac beträufeln und vorsichtig flambieren. Wenn die Flammen verloschen sind, die Sahne und den Senf einrühren.
Die Sauce unter Rühren zum Kochen bringen und um die Hälfte einkochen lassen. Mit Salz und frischgemahlenem Pfeffer abschmecken. Die Nieren in der Sauce wenden und die feingeschnittene Petersilie unterheben. Sofort servieren.

Hasengeschnetzeltes mit Pfifferlingen

Für 2 Personen:

300 g Hasenfilet · 1 TL Wacholderbeeren, zerstoßen
2 EL Öl · 1 EL Butter · 1 Schalotte, feingewürfelt
1 TL frischer Thymian, feingehackt
150 g kleine Pfifferlinge, geputzt und halbiert
150 ml Crème fraîche · Salz
frischgemahlener schwarzer Pfeffer

Die Filetstränge schnetzeln. Mit den zerstoßenen Wacholderbeeren sowie mit Salz und frischgemahlenem Pfeffer würzen. Das Öl im Wok auf großer Flamme erhitzen. Das Fleisch einstreuen und

unter ständigem Rühren 2–3 Minuten anbraten. Herausheben und warm halten.
Die Butter in den Wok geben und den gehackten Thymian einstreuen. Die Schalottenwürfel einrühren und glasig dünsten.
Anschließend die Pfifferlinge zufügen und unter Rühren über verstärkter Hitze braten, bis sie Saft ziehen. Mit Salz und Pfeffer würzen und die Crème fraîche einrühren. Zum Kochen bringen und auf kleiner Flamme 2–3 Minuten köcheln.
Das geschnetzelte Filet unterheben und abseits vom Feuer einige Minuten in der Sauce ziehen lassen.

Tip: Verwenden Sie für dieses Gericht die kleinen Filetstränge, die unterhalb der Knochen unter den großen Filets liegen.

Rehgeschnetzeltes mit Preiselbeersauce

Für 2 Personen:
250 g geschnetzeltes Rehfilet
1 EL Öl · 1 EL Butter · 2–3 EL Portwein · Salz
frischgemahlener schwarzer Pfeffer
FÜR DIE SAUCE:
3 EL Preiselbeerkompott · 1 EL Johannisbeergelee
2 EL Portwein · 1 Prise Ingwerpulver
1 Prise Cayennepfeffer · 30 g kalte Butter

Das geschnetzelte Rehfleisch mit Salz und frischgemahlenem Pfeffer würzen.
Das Öl zusammen mit der Butter im Wok auf großer Flamme erhitzen. Das geschnetzelte Fleisch hineinstreuen und 2½–3 Minuten pfannenrühren. Herausheben und warm halten.

Den Bratensatz mit einem Schuß Portwein ablöschen. Die Flüssigkeit um die Hälfte einkochen lassen. Danach das Preiselbeerkompott, das Johannisbeergelee und den Portwein einrühren. Die Sauce auf kleiner Flamme erhitzen und mit einer Prise Ingwerpulver, Cayennepfeffer und Salz abschmecken.
Die kalte Butter in kleinen Flöckchen einrühren, damit die Sauce einen schönen Glanz bekommt. Das Fleisch wieder hinzugeben und in der heißen Sauce wenden.
Als Beilage eignen sich feine Bandnudeln und Brokkoli.

Tip: Verwenden Sie für dieses Gericht Filetspitzen oder die kleinen Filets Mignons. Das sind die beiden dünnen Filetstränge, die sich unter den großen Filetsträngen unterhalb der Rückenknochen befinden. Die Filets Mignons sollte man nicht schnetzeln, sondern in etwa 2 cm dicke Scheiben schneiden und von beiden Seiten etwa 2 Minuten braten. Sie sollen im Inneren noch rosa sein.

Fasanenbrust mit Salbei und Wacholderbeeren

Für 2 Personen:

2 ausgelöste Fasanenbrüstchen, längs halbiert

1 EL Mehl · 40 g Butter

2 frische Salbeiblätter, in Streifen geschnitten

8 Wacholderbeeren, zerdrückt

einige Streifen Orangenschale von 1 unbehandelten Frucht

2 EL frischgepreßter Orangensaft

1 kleines Glas Weißwein · 1 Handvoll kernlose Weintrauben

Salz · frischgemahlener schwarzer Pfeffer

Die Fasanenbrüstchen in dem mit Salz und Pfeffer gewürzten Mehl wenden. Überschüssiges Mehl abschütteln.

Die Hälfte der Butter im Wok erhitzen, die andere Hälfte im Kühlschrank kühlen. Den Salbei, die Wacholderbeeren und die Orangenschale in den Wok streuen und 1 Minute pfannenrühren, um die Bratbutter zu aromatisieren.

Danach die Würzzutaten mit einem Sieblöffel entfernen. Die Brusthälften, je 2 nacheinander, in die heiße Butter legen und von jeder Seite 3 Minuten anbraten. Herausheben, mit Aluminiumfolie locker bedecken und warm halten.

Den Bratensatz im Wok mit dem Wein und dem Orangensaft ablöschen. Die Flüssigkeit auf großer Flamme um etwa ein Drittel einkochen lassen.

Danach die Weintrauben einstreuen und unter Rühren erhitzen. Die Sauce mit Salz und frischgemahlenem Pfeffer abschmecken und die kalte Butter in kleine Flocken einrühren.

Die Fasanenbrüstchen zurück in den Wok legen und in der Sauce wenden. Abseits vom Feuer kurze Zeit in der Sauce ziehen lassen. Dazu Kartoffelkroketten servieren.

Tip: So zubereitet, bleiben zarte Fasanenbrüstchen saftig. Das übrige Fasanenfleisch und die Karkasse kann man zu einer Wildpüreesuppe verwenden.

Gemüsegerichte

Gemüse behält im Wok seine frische, natürliche Farbe und seine knackige Konsistenz. Vor allem aber laugen seine Vitalstoffe nicht in einem Topf voll Kochwasser aus. Verwenden Sie nur wirklich frisches Gemüse und bereiten Sie es nach dem Zerschneiden so schnell wie möglich zu.

Süß-saures Bohnengemüse

(Foto Seite 125)

Für 2 Personen:

250 g zarte Bohnen, geputzt

50 g Sojabohnensprossen · 1 EL Öl

2 Scheiben Frühstücksspeck, quer in dünne Streifen geschnitten

1 kleine Zwiebel, feingewürfelt

Salz · frischgemahlener schwarzer Pfeffer

Für die Sauce:

1–2 EL Weißweinessig · 1 EL helle Sojasauce · 1 EL Sherry

1–2 EL Birnendicksaft (erhältlich im Reformhaus)

einige Spritzer Tabasco · 3 EL Wasser

½ TL Speisestärke

Die Bohnen in stark gesalzenem kochendem Wasser etwa 4 Minuten blanchieren. In ein Sieb schütten, kalt abschrecken und gut

Entenbrust mit Mandarinen und Ananas (Rezept Seite 78)

abtropfen lassen. Die Sojabohnensprossen mit kochendem Wasser überbrühen und abtropfen lassen.
Das Öl im Wok erhitzen und darin die Speckstreifen leicht anbräunen. Die Zwiebelwürfel einstreuen und über mittlerer Hitze glasig dünsten.
Alle Zutaten für die Sauce in einer Tasse verrühren und in den Wok gießen. Unter Rühren kurz aufkochen.
Die abgetropften Bohnen und Sojabohnensprossen zufügen und in der Sauce wenden. Auf kleiner Flamme weitere 3 Minuten dünsten. Mit Salz, Pfeffer und nach Belieben auch mit einigen Tropfen Tabasco abschmecken.

Tip: Das Bohnengemüse kann warm, aber auch kalt serviert werden. Dann sollten die Bohnen allerdings noch bißfest sein.

Selleriestreifen mit gerösteten Pinienkernen

1 Knollensellerie · Saft von 1–2 Zitronen
4 EL Olivenöl · abgeriebene Schale von 1 Zitrone
1 Prise Cayennepfeffer · frischgemahlener Piment
Salz · 2–3 EL geröstete Pinienkerne

Die Sellerieknolle schälen und in streichholzdicke Stäbchen schneiden oder mit der Pommes-frites-Scheibe der Küchenmaschine zerkleinern.
Das Olivenöl im Wok erhitzen. Die Selleriestreifen hineinstreuen und im heißen Öl wenden. Mit dem Zitronensaft beträufeln und mit Salz, abgeriebener Zitronenschale, Cayennepfeffer sowie reichlich frischgemahlenem Piment würzen.

Etwa 2–3 EL Wasser angießen und die Selleriestreifen über reduzierter Hitze in etwa 8 Minuten weichdünsten. Sie sollen nicht zerfallen.
Mit den hellbraun angerösteten Pinienkernen bestreuen und servieren. Warm als Gemüsebeilage oder kalt als kleine Vorspeise servieren.

Karotten mit kandiertem Ingwer

500 g junge Karotten, geputzt und in ½ cm dicke Scheiben geschnitten

1 EL Butter · 1 feingewürfelte Schalotte

2 EL Hühnerbrühe · 1 EL feingehackter kandierter Ingwer

1 TL feingeschnittenes Koriandergrün

Salz · frischgemahlener schwarzer Pfeffer

Die Butter im Wok über nicht zu starker Flamme erhitzen und die Schalottenwürfel einstreuen. Unter ständigem Rühren glasig dünsten.
Die Karottenscheiben zufügen und etwa 3 Minuten pfannenrühren. Mit einer Prise Salz würzen und die Hühnerbrühe angießen. Auf kleiner Flamme unter gelegentlichem Rühren bißfest dünsten.
Den feingehackten Ingwer unter die Karotten heben. Über verstärkter Hitze pfannenrühren, bis die Flüssigkeit verkocht ist und die Karottenscheiben glänzen. Mit Salz und frischgemahlenem Pfeffer würzen, mit dem feingeschnittenen Koriandergrün (ersatzweise Kerbel oder glattblättrige Petersilie) bestreuen und servieren.

Gemüse-Sauté mit Gomasio

Goma ist die japanische Bezeichnung für Sesam, und Gomasio wird als Würzsalz zum Bestreuen von Gemüse, Salaten und Reis verwendet.

100 g Kaiserschoten, geputzt
4 junge Karotten, geputzt und längs halbiert, oder 2 mittelgroße, in dünne Scheiben geschnitten
4 Stangen grüner Spargel, in 5 cm große Abschnitte geschnitten
½ kleiner Blumenkohl, in Röschen zerpflückt und blanchiert
2 Scheiben gekochter Schinken, in dünne Streifen geschnitten
2–3 EL Öl · 1 TL Ingwer, gehackt
2 EL Hühnerbrühe oder heißes Wasser, verrührt mit ¼ TL gekörnter Hühnerbrühe
2 TL helle Sojasauce
2 EL Sherry, verrührt mit ½ TL Speisestärke
15 g kalte Butter
FÜR DAS GOMASIO-GEWÜRZSALZ:
2 EL Sesamsaat · 1 TL grobes Meersalz

Für das Gomasiogewürz die Sesamsaat in einer trockenen Pfanne hell anrösten und abkühlen lassen. Anschließend mit dem Meersalz vermischen und im Mörser fein zerstoßen.
Das Öl im Wok erhitzen. Darin den Ingwer 1 Minute andünsten und entfernen. Die Schinkenstreifen einstreuen und 30 Sekunden anbraten. Das Gemüse unterheben und 2 Minuten pfannenrühren. Danach die Brühe und die Sojasauce angießen und weitere 3–4 Minuten pfannenrühren.
Den mit der Speisestärke verrührten Sherry zufügen und nochmals 1 Minute pfannenrühren. Zuletzt die Butter in kleinen Flok-

ken einschwenken. Auf einer vorgewärmten Servierplatte anrichten, mit Gomasio bestreuen und servieren.

Zuckermais mit Räucherspeckstreifen

Für 2 Personen:

1 Dose zarter Gemüsemais (285 g Abtropfgewicht)

4 dünne Scheiben Frühstücksspeck

1 EL Butter · 1 kleine Schalotte, kleingewürfelt

1 TL frischer Thymian, feingehackt · Salz

frischgemahlener Pfeffer

Die Maiskörner auf ein Sieb schütten, kalt abspülen und abtropfen lassen. Den Frühstücksspeck quer in dünne Streifen schneiden.

Inzwischen die Butter im Wok erhitzen und die Speckstreifen darin kroß anbraten. Herausheben und bereithalten.

Die Schalottenwürfel in den Wok streuen und glasig dünsten. Die Maiskörner zufügen und den Thymian einstreuen. Unter Rühren erhitzen. Eventuell noch etwas Butter oder 1–2 EL Wasser zugeben. Vorsichtig mit Salz abschmecken, da die Maiskörner bereits gesalzen sind, und reichlich mit frischgemahlenem Pfeffer abschmecken.

Dies ist eine schnell zubereitete Gemüsebeilage zu Steaks.

Chicorée auf flämische Art

4 feste Chicoréesprossen · 50 g Butter · Saft von ½ Zitrone
1 gehäufter EL glattblättrige Petersilie, feingeschnitten
Salz · frischgemahlener weißer Pfeffer · 1 Prise Puderzucker

Die Chicoréesprossen waschen. Den harten Strunk der Sprossen keilförmig herausschneiden. Die Sprossen quer in schmale Streifen schneiden.
Die Butter im Wok erhitzen. Die Chicoréestreifen zufügen und in der heißen Butter wenden. Mit dem Zitronensaft beträufeln und mit Salz und frischgemahlenem weißen Pfeffer würzen.
Unter Rühren glasig dünsten. Mit einer Prise Puderzucker bestäuben, um den leicht bitteren Geschmack zu mildern, und noch etwa 1–2 Minuten pfannenrühren. Zum Schluß die feingeschnittene Petersilie unterheben.
Zu Kartoffelpüree und Kalbsbratwürstchen servieren.

Warmer Rotkrautsalat

Für 2 Personen:

½ kleiner Rotkohl · 1 kleiner aromatischer Apfel
Saft von 1 Zitrone · 2 TL italienischer Balsamessig
1 EL Birnen- oder Apfeldicksaft (im Reformhaus erhältlich)
2 EL Öl · 1 nußgroßes Stück Ingwerwurzel, feingehackt
2 Gewürznelken, grob zerstoßen · ½ TL Zimt
Salz · frischgemahlener Piment

Den Rotkohl vierteln und den Strunk keilförmig wegschneiden. Die Viertel quer in feine Streifen schneiden. Den Apfel schälen

und in kleine Würfel schneiden. Den Zitronensaft mit dem Balsamessig und dem Birnendicksaft verrühren.
Das Öl im Wok erhitzen. Den Ingwer einrühren. Anschließend die Rotkohlstreifen sowie die Apfelwürfel einstreuen und im heißen Öl wenden. Mit der Zitronensaftmischung übergießen und die Gewürze zufügen. Zum Kochen bringen und unter mehrmaligem Rühren 8–10 Minuten über reduzierter Hitze dünsten. Abseits der Hitze einige Minuten ziehen lassen. Danach servieren.

Okra auf kreolische Art

Für 2 Personen:

250 g Okraschoten · 1 EL Öl · 1 EL Butter

1 EL Weißbrotkrumen · 1 große Knoblauchzehe, feingehackt

1 Prise Cayennepfeffer oder ½ rote Chilischote · Salz

Die Okraschoten waschen und ihren Stielansatz stutzen, dabei nicht in die Schoten schneiden. Die Okras etwa 2 Minuten in kochendes Essigwasser legen. Anschließend auf ein Sieb schütten kalt abschrecken und abtropfen lassen. Kleine Schoten im ganzen lassen, größere Schoten schräg in etwa 3 cm lange Abschnitte schneiden.
Das Öl zusammen mit der Butter im Wok erhitzen. Die Brotkrumen einstreuen und hellbraun anrösten. Den Knoblauch zugeben und kurz pfannenrühren. Nach Belieben eine halbe entkernte und feingehackte Chilischote einstreuen.
Die Okraschoten zugeben, salzen und mit einer Prise Cayennepfeffer schärfen, falls man vorher keine frische Chilischote zugefügt hat. Die Okraschoten etwa 5 Minuten unter ständigem Rühren braten, bis sie weich sind, dabei eventuell noch etwas Butter zufügen.

Spinat mit Kichererbsen

Dieses einfache Gericht ist seit Jahrhunderten im Vorderen Orient verbreitet. Statt mit Kichererbsen kann es auch mit Linsen oder mit einer Mischung von beiden zubereitet werden. Es eignet sich als Beilage zu Fleisch. Man kann es aber auch als eigenständiges Gericht zu Fladenbrot reichen.

1 Dose Kichererbsen (Abtropfgewicht 250 g)

200 g zarte Spinatblätter, entstielt

2–3 EL Öl · 2 Knoblauchzehen, feingehackt · 1 große Zwiebel

1 Tomate, geschält, entkernt und gewürfelt

1 Prise brauner Zucker · Salz · geriebene Muskatnuß

gemahlener Piment · einige Spritzer Zitronensaft

Die Kichererbsen auf ein Sieb schütten, kalt abspülen und abtropfen lassen. Die gewaschenen Spinatblätter in Streifen schneiden oder reißen. Die Zwiebel schälen, halbieren und in dünne Streifen schneiden.

Das Öl im Wok erhitzen. Den Knoblauch einstreuen und eine Minute pfannenrühren. Die Zwiebelstreifen zufügen und unter Rühren glasig dünsten.

Die Kichererbsen in die Zwiebelmischung geben und einige Minuten erhitzen. Zuletzt den Spinat unterheben und so lange pfannenrühren, bis er zusammenfällt. Die Hitze verstärken und die Flüssigkeit einkochen lassen.

Mit einer Prise braunem Zucker, Salz, reichlich geriebener Muskatnuß und frischgemahlenem Piment sowie einigen Spritzern Zitronensaft abschmecken.

Currygurken mit Mango-Chutney

1 große Schmorgurke · 2 EL Öl oder Butterschmalz
1 Schalotte, feingewürfelt · 1 TL mildes Currypulver
4–6 EL Sahne · 2–3 EL Mango-Chutney
1 EL feingeschnittener Dill · Salz

Die Gurke schälen, halbieren und mit einem Löffel die Kerne auskratzen. Die Gurkenhälften längs vierteln und in etwa 1 cm dicke Scheiben schneiden.
Das Öl im Wok erhitzen und darin die Zwiebelwürfel glasig dünsten. Danach das Currypulver einrühren. Die Gurkenscheiben sowie etwas Salz zufügen und 3 Minuten pfannenrühren. Anschließend die Sahne angießen. Die Flüssigkeit über mittlerer Hitze etwas einkochen lassen und das Chutney einrühren. Die Gurkenstücke zugedeckt einige Minuten schmoren. Mit dem feingeschnittenen Dill bestreuen und servieren.

Bohnen und Mais

»Succotash«

Das Gericht und seine Bezeichnung haben bereits die ersten amerikanischen Siedler von den Indianern übernommen. Noch heute wird es besonders im Süden der Vereinigten Staaten gern gegessen. Dort wird es aus den grünlich-weißen Kernen der Limabohne zubereitet, die nur im heißen Klima des Südens gedeiht. Man kann es auch mit weißen Bohnen aus der Dose oder mit Schnittbohnen zubereiten, die zuvor in kochendem Salzwasser blanchiert wurden.

1 Dose zarter Gemüsemais (Abtropfgewicht 285 g)

1 Dose große weiße Bohnen (Abtropfgewicht 250 g)

1 EL Butter · 4–5 EL Sahne · geriebene Muskatnuß

Salz · frischgemahlener schwarzer Pfeffer

Die Maiskörner und die weißen Bohnen auf ein Sieb schütten, kalt abspülen und gründlich abtropfen lassen.
Die Butter im Wok erhitzen. Die Maiskörner und die Bohnen in die heiße Butter schütten und etwa 3 Minuten pfannenrühren. Etwas Salz zufügen und die Sahne angießen. Über reduzierter Hitze etwa 8 Minuten ziehen lassen, dabei mehrmals umrühren. Mit reichlich frischgeriebener Muskatnuß, Salz und frischgemahlenem Pfeffer abschmecken. Nach Belieben mit feingeschnittener Petersilie bestreuen und servieren.

Kartoffelkugeln mit Rosmarin

4–5 große Kartoffeln, geschält

4–5 EL Olivenöl · 1 Knoblauchzehe

2 TL frischer Rosmarin, feingehackt · Salz

frischgemahlener schwarzer Pfeffer

Mit einem Kugelausstecher von den Kartoffeln Kugeln ausstechen. (Wer das zu mühsam findet, kann die Kartoffeln auch würfeln.) Die Kugeln in kochendes Salzwasser geben und 4 Minuten darin garen. Herausheben und auf einem Sieb gründlich abtropfen lassen. Eventuell mit Küchenpapier trockentupfen.
Das Olivenöl im Wok erhitzen. Die geschälte Knoblauchzehe auf eine Gabel spießen und damit mehrmals durch das heiße Öl fahren. Danach entfernen.

Die Kartoffelkugeln ins heiße Öl geben und unter ständigem Rühren in 3–4 Minuten knusprig braun braten. Kurz vor Ende der Bratzeit den feingehackten Rosmarin einstreuen. Mit Salz und frischgemahlenem Pfeffer würzen.
Mit einem Sieblöffel herausheben. In eine vorgewärmte Servierschüssel geben und zu Lammkoteletts servieren.

Weiße Rübchen mit Birnen auf märkische Art

250 g weiße Rübchen, geschält

2 reife Birnen, geschält und entkernt

20 g Butter · 1 EL Zitronensaft · Salz

frischgemahlener weißer Pfeffer

Die Rübchen und die Birnen, die reif aber noch fest sein sollen, in gleichmäßige Würfel schneiden.
Die Butter auf mittlerer Flamme im Wok erhitzen. Die Rübchen- und Birnenwürfel einstreuen und 1 Minute pfannenrühren. Mit dem Zitronensaft beträufeln und mit einer Prise Salz würzen.
Über reduzierter Hitze unter gelegentlichem Rühren weichdünsten, jedoch nicht zerfallen lassen. Mit Salz und frischgemahlenem weißen Pfeffer abschmecken.
Die Rübchen schmecken ausgezeichnet zu gebratenem Geflügel.

Kartoffel-Curry

Kartoffel-Bhajee

6 festkochende Kartoffeln, ungeschält

2 Karotten, gewürfelt · 100 g Tiefkühlerbsen

2 EL Butterschmalz · 1 TL Kreuzkümmelsamen

1 große Gemüsezwiebel, feingewürfelt

½ rote Chilischote, feingehackt · 1–2 TL Currypulver

Salz · 1 EL Minze, feingehackt

Die Kartoffeln waschen und ungeschält weichkochen. Danach pellen und in große Würfel schneiden. Die Karottenwürfel etwa 5 Minuten in kochendem Salzwasser blanchieren, herausnehmen und abtropfen lassen. Die Erbsen auftauen lassen.

Das Butterschmalz im Wok erhitzen. Die Kreuzkümmelsamen einstreuen und pfannenrühren, bis sie duften. Die Zwiebelwürfel zufügen und glasig dünsten. Die gehackte Chilischote und das Currypulver einrühren.

Anschließend die Kartoffel- und Karottenwürfel sowie die Erbsen unterheben. Sollte der Curry zu trocken sein, ein wenig Gemüsebrühe oder Wasser zugießen. Salzen und vorsichtig 5–6 Minuten über mittlerer Hitze pfannenrühren.

Mit feingehackter Minze bestreuen und sehr heiß servieren.

Knoblauch-Kartoffeln auf mexikanische Art

»Papitas al ajo«

750 g kleine neue Kartoffeln · 50 g Butter
2 EL Olivenöl · 4 Knoblauchzehen, mehr nach Belieben
1 TL frischer Thymian, feingehackt
grobes Salz · Cayennepfeffer

Die Kartoffeln, die möglichst nur walnußgroß sein sollen, gründlich waschen und ungeschält in kochendem Wasser etwa 8 Minuten vorgaren. Das Wasser abgießen und die Kartoffeln trockendämpfen.
Inzwischen die Knoblauchzehen schälen und in dünne Scheibchen schneiden. Die Butter zusammen mit dem Öl im Wok auf großer Flamme erhitzen. Die Kartoffeln ungeschält zufügen und kurz im heißen Fett anbraten. Anschließend den Knoblauch und den Thymian einstreuen. Über reduzierter Hitze unter ständigem Rühren so lange braten, bis die Kartoffeln gar und die Knoblauchscheiben knusprig sind. Zum Schluß mit grobem Salz und einer Prise Cayennepfeffer würzen.

Tip: Die Knoblauch-Kartoffeln sind eine ausgezeichnete Beilage zu gegrilltem Fleisch. Der Trick bei ihrer Zubereitung besteht darin, daß man die Knoblauchscheibchen ins sehr heiße Fett streut und nur so lange rührt, bis sie gerade zu bräunen beginnen. Den Wok sofort kurz vom Feuer nehmen, damit das Fett leicht abkühlt, und das Gericht über reduzierter Hitze fertig garen. Knoblauch darf nicht verbrennen; dann schmeckt er bitter.

Erbsen-Curry mit Cashewnüssen

300 g Tiefkühlerbsen
1 EL Öl oder Butterschmalz · 1 EL Currypaste
2 Zwiebeln, feingewürfelt · 1 Knoblauchzehe, feingehackt
1 nußgroßes Stück Ingwer, feingehackt · 2 TL Tomatenmark
3 Kardamomkapseln, leicht zerdrückt
½ TL gemahlener Zimt · ½ TL gemahlene Muskatblüte
½ TL Kurkuma · 2 TL Mehl
200 ml Sahnejoghurt · 100 g Cashewnüsse
1 EL Koriandergrün, feingeschnitten · Salz

Die Erbsen auftauen lassen.
Das Öl oder Butterschmalz im Wok erhitzen und die Currypaste einrühren. Die Zwiebeln, den Knoblauch und den Ingwer zufügen. Über mittlerer Hitze die Zwiebeln glasig dünsten.
Anschließend das Tomatenmark und die Gewürze einrühren. Das Mehl anstäuben und kurz anschwitzen.
Danach den Sahnejoghurt einrühren und die Erbsen sowie die Cashewnüsse zufügen. Unter ständigem Rühren zum Kochen bringen. Das Koriandergrün unterheben und den Curry auf kleiner Flamme unter gelegentlichem Rühren 6–8 Minuten kochen lassen.
Dazu Reis oder Fladenbrot servieren.

Veltliner Pilzfrikassee

Für 2 Personen:

500 g gemischte Waldpilze (Maronen, Pfifferlinge, Steinpilze)

2 EL Olivenöl

2 EL glattblättrige Petersilie, feingeschnitten

Für die Sauce:

1 EL italienischer Balsamessig

125 ml Sahne · 1 gestrichener TL Speisestärke

1 Lauchstange (nur die weißen Abschnitte)

1 Karotte · Salz

frischgemahlener schwarzer Pfeffer

Die Pilze putzen, mit feuchtem Küchenpapier abreiben und in Scheiben schneiden. Den Lauch halbieren, waschen und ebenso wie die Karotte in feine Streifen schneiden.

Das Olivenöl im Wok erhitzen. Die Pilzscheiben einstreuen und so lange pfannenrühren, bis sie Saft ziehen. Mit einem Sieblöffel herausheben und bereithalten. Den Pilzsaft fast völlig einkochen lassen. Danach mit dem Balsamessig ablöschen.

Die mit der Speisestärke verquirlte Sahne zugießen und die Lauch- und Karottenstreifen unterheben. Unter ständigem Rühren zum Kochen bringen und 2–3 Minuten kochen. Die Pilze wieder zufügen und auf kleiner Flamme unter mehrmaligem Rühren weitere 5 Minuten köcheln lassen. Das Frikassee mit Salz und Pfeffer abschmecken und servieren.

Tip: Waldpilze haben zwar das bessere Aroma, doch dieses Frikassee läßt sich auch aus einer Mischung von Champignons und Austernpilzen zubereiten. Zum Säubern die Pilze nicht ins Wasser legen, sondern höchstens kurz abspülen, damit sie sich nicht vollsaugen.

Kartoffelkugeln »Delmonico«

Die Kartoffelkugeln schmecken vorzüglich zu Steaks. Dieses raffiniert einfache Kartoffelgericht war eine Spezialität des New Yorker Restaurants Delmonico.

4 große Kartoffeln, geschält
2 EL Butter · Saft von ½ Zitrone
2 EL Petersilie, feingeschnitten · Salz
frischgemahlener schwarzer Pfeffer

Mit einem Kugelausstecher aus den Kartoffeln Kugeln ausstechen. Die Kugeln etwa 5 Minuten in kochendem Salzwasser vorgaren, auf ein Sieb schütten und abtropfen lassen.
Die Butter im Wok erhitzen. Die Kartoffelkugeln ins heiße Fett geben und pfannenrühren, bis sie goldbraun und gar sind. Mit Zitronensaft, Salz und frischgemahlenem Pfeffer würzen und mit reichlich feingeschnittener Petersilie vermengen.

Pfannengerührter Chinakohl mit Karottenstreifen und Ingwer

1 Chinakohl, geputzt · 2 Karotten, geputzt
4 Frühlingszwiebeln · 1 walnußgroßes Stück Ingwer, feingehackt
2–3 EL Öl · 1 EL Sherry · 1 EL helle Sojasauce
Salz · frischgemahlener schwarzer Pfeffer

Den Chinakohl quer in ½ cm breite Streifen schneiden. Die Karotten längs halbieren, in 5 cm lange Abschnitte und diese in

dünne Längsstreifen schneiden. Die Frühlingszwiebeln in dünne Scheibchen schneiden.
Das Öl im Wok erhitzen. Den Ingwer einstreuen und eine halbe Minute pfannenrühren. Danach die Kohl- und Karottenstreifen sowie die Frühlingszwiebeln zufügen und 3–4 Minuten pfannenrühren. Mit dem Sherry und der Sojasauce beträufeln, den Deckel auflegen und weitere 3 Minuten schmoren.
Danach die Flüssigkeit im offenen Wok auf großer Flamme etwa 1 Minute einkochen. Die Chinakohlstreifen mit Salz und Pfeffer abschmecken und servieren.

Tip: Statt mit Chinakohl kann man dieses Gericht auch mit Mangold zubereiten. Dann werden die Mangoldstiele in dünne Scheiben geschnitten und etwa 2 Minuten pfannengerührt, bevor man die Blattstreifen unterhebt.

Warmer Gemüsesalat auf italienische Art

2 mittelgroße Zucchini
je 1 gelbe und rote Paprikaschote
1 weiße Zwiebel, in Streifen geschnitten
1 Knoblauchzehe, feingehackt · 4 EL Olivenöl
2 EL Balsamessig · 2 EL Basilikum, in Streifen geschnitten
Salz · frischgemahlener schwarzer Pfeffer

Die Zucchini ungeschält in ½ cm dicke Scheiben schneiden. Die Paprikaschoten halbieren, den Stielansatz sowie den Samenstand entfernen und das Fruchtfleisch in Streifen schneiden.
Das Olivenöl im Wok auf mittlerer Flamme erhitzen. Die Zwiebelstreifen und den Knoblauch einstreuen und unter Rühren glasig

dünsten. Die Zucchini einrühren und 2 Minuten pfannenrühren. Anschließend die Paprikastreifen zufügen. Mit Salz und frischgemahlenem Pfeffer würzen. Weitere 3–4 Minuten pfannenrühren. Das Gemüse soll noch Biß haben. Danach mit dem Balsamessig beträufeln und die Basilikumblätter unterheben.
Abseits vom Herd einige Minuten ziehen lassen. Lauwarm servieren.

Warmer Linsensalat

250 g kleine braune Linsen

1 Knoblauchzehe · 1 kleine Zwiebel · 1 Gewürznelke

1 Lorbeerblatt · 2 Schalotten, feingewürfelt

1 Karotte, in feine Streifen geschnitten

1 EL frischer Thymian, feingehackt · 3–4 EL Olivenöl

2 EL Rotweinessig · 1 Prise Zucker · Salz

frischgemahlener schwarzer Pfeffer

Die Linsen verlesen und waschen. Dabei Linsen, die auf der Wasseroberfläche schwimmen, entfernen. Die Linsen etwa 2 Stunden in kaltem Wasser einweichen und anschließend abgießen.
Die Zwiebel schälen und das Lorbeerblatt mit der Gewürznelke auf die Zwiebel heften. Die Linsen in einem knappen Liter Wasser aufsetzen. Die »gespickte Zwiebel« und die geschälte Knoblauchzehe zufügen. Zum Kochen bringen und auf mittlerer Flamme weich, jedoch nicht musig garen.
Danach die Linsen auf einem Sieb abtropfen lassen. Die gespickte Zwiebel entfernen. Die Knoblauchzehe mit einer Gabel zermusen und bereithalten.
Das Öl im Wok erhitzen. Die Schalottenwürfel und die Karottenstreifen einstreuen und 2–3 Minuten dünsten. Die zermuste

Süß-saures Bohnengemüse (Rezept Seite 106)

Knoblauchzehe, den gehackten Thymian sowie den Rotweinessig einrühren und die Linsen unterheben. Mit einer Prise Zucker, Salz und frischgemahlenem schwarzen Pfeffer abschmecken. Unter ständigem Rühren auf mittlerer Flamme erhitzen. Vom Feuer ziehen und vor dem Servieren lauwarm abkühlen lassen.

Tip: Auf die gleiche Art können auch Kidneybohnen zubereitet werden. Nimmt man dazu Bohnen aus der Dose, so sollte man sie vor der Weiterverwendung auf ein Sieb schütten, gründlich unter fließendem kaltem Wasser abspülen und abtropfen lassen.

Sizilianisches Auberginenragout

»Caponata«

1 Aubergine, in Würfel geschnitten

6 EL Olivenöl · 1 große Zwiebel, feingewürfelt

1 Knoblauchzehe, feingehackt

je 1 grüne und rote Paprikaschote, in Streifen geschnitten

1 große Fleischtomate, geschält und grob zerschnitten

1 TL getrockneter Oregano · 1 TL Zucker · Saft von ½ Zitrone

4 EL entsteinte schwarze Oliven, längs halbiert

1–2 EL Kapern, abgespült

Salz · frischgemahlener schwarzer Pfeffer

2 EL Pinienkerne nach Belieben

Die Auberginenwürfel in ein Abtropfsieb geben, mit Salz bestreuen und etwa 1 Stunde ihren Saft ausschwitzen lassen. Danach unter fließendem kalten Wasser abspülen und gründlich abtropfen lassen. Das Olivenöl im Wok erhitzen und darin die Zwiebelwürfel und den gehackten Knoblauch eine halbe Minute pfannenrühren. Die

Auberginenwürfel und Paprikastreifen zufügen und über mittlerer Hitze 10–15 Minuten dünsten.
Anschließend die Tomatenstücke unterheben. Das Ragout mit Salz, frischgemahlenem schwarzen Pfeffer sowie mit Oregano würzen und mit dem Zucker und Zitronensaft abschmecken. Das Gemüse auf kleiner Flamme weichgaren, die Auberginenwürfel dabei nicht zerfallen lassen.
Danach die Oliven, Kapern und Pinienkerne unterheben. Das Ragout vom Feuer nehmen und zugedeckt abkühlen lassen (bei Raumtemperatur, nicht im Kühlschrank).

Tip: Servieren Sie die Caponata zu Baguette- oder Ciabatta-Brot. Je länger die Caponata durchzieht, desto besser schmeckt sie. Reste können aufgewärmt und als Sauce zu Spaghetti serviert werden.

Reis und Nudeln

Reis und Nudeln sind seit altersher die Grundnahrungsmittel der fernöstlichen Küche. Es verwundert daher nicht, daß man dort die größte Vielfalt an Reisgerichten findet. Gebratener Reis und gebratene Nudeln sind eine besonders raffinierte Art der Resteverwertung. Fantasievoll mit wenigen Würzzutaten gemischt, werden vom Vortag übriggebliebener Reis und Nudeln zu leckeren neuen Gerichten. Es ist eine gute Idee, Reis und Nudeln in größeren Mengen als benötigt zu kochen. Reste kann man im Kühlschrank aufbewahren oder einfrieren und hat so stets die Grundzutat für ein schnelles Gericht aus dem Wok zur Hand.

Gebratener Curry-Reis mit Garnelen

4 Portionen gekochter Reis (aus 350 g ungekochtem)

2 EL Öl · 1 TL Butter · 1 Zwiebel, feingewürfelt

1 Knoblauchzehe, feingehackt · 2 TL milde Currypaste

150 g Champignons, in dünne Scheiben geschnitten

100 g Tiefkühlerbsen · 150 g Garnelen, gekocht und geschält

Salz · frischgemahlener schwarzer Pfeffer

Den Reis mit einer Gabel auflockern und bereithalten.
Das Öl zusammen mit der Butter im Wok erhitzen. Die Zwie-

belwürfel und den gehackten Knoblauch einstreuen und glasig dünsten. Danach die Currypaste einrühren. Die blättrig geschnittenen Champignons zufügen, salzen und unter Rühren braten, bis sie Saft ziehen.
Den gelockerten Reis sowie die aufgetauten Erbsen unterheben und 2 Minuten pfannenrühren. Zuletzt die Garnelen zufügen. Unter ständigem Rühren erhitzen. Mit Salz und frischgemahlenem Pfeffer abschmecken.
Sofort servieren. – Dies ist ein leichtes, schnell zubereitetes Hauptgericht.

Gebratener Reis mit Ei auf chinesische Art

Dies ist die einfachste Art, gebratenen chinesischen Reis zuzubereiten. Er wird hier nur mit Zwiebeln aromatisiert und eignet sich daher besonders gut als Beilage zu kräftig gewürzten Gerichten. Er gibt aber auch ein ausgezeichnetes Gericht für den Brunch ab.

Für 2 Personen:
2 EL Öl · 2 EL Butter
1 Gemüsezwiebel, gewürfelt · 4 Eier
2 Portionen gekochter Reis (aus 180–200 g ungekochtem)
Salz

Das Öl im Wok auf mittlerer Flamme erhitzen. Die Zwiebelwürfel einstreuen und glasig dünsten.
Unterdessen die Eier verquirlen, mit Salz würzen und in den Wok gießen. So lange rühren, bis sie gerade ausflocken. Den gekochten Reis unterheben und unter Rühren erhitzen.

Gebratener Reis auf indonesische Art

»Nasi Goreng«

3 EL ÖL · 1 Zwiebel, gewürfelt

2 Knoblauchzehen, feingehackt

200 g Hühnerfilet, in dünne Streifen geschnitten

½–1 rote Chilischote oder 2 TL Sambal Oelek

2 EL dunkle Sojasauce

4 Portionen gekochter Reis (aus etwa 350 g ungekochtem Reis)

200 g Garnelen, gekocht und geschält

FÜR DIE GARNITUR:

2 Eier · 1 Prise Muskatblüte · 1 EL Öl

4 Stangen Staudensellerie oder ½ Salatgurke

Für die Garnitur die Eier verquirlen und mit wenig Salz und einer Prise Muskatblüte würzen. Das Öl im Wok auf mittlerer Flamme erhitzen. Den Wok schwenken, so daß die Wände mit Öl überzogen sind. Die verquirlten Eier hineingießen. Den Wok im Uhrzeigersinn schwenken, damit sich die Eimasse zu einem dünnen Eierkuchen verteilt. Über geringer Hitze nicht bräunen, sondern nur festwerden lassen.

Danach den Eierkuchen auf ein Schneidbrett gleiten lassen und in dünne, lange Streifen schneiden. Die Selleriestangen in dünne Scheibchen oder die Gurke ungeschält in kleine Würfel schneiden und bereithalten.

Das Öl im Wok erhitzen. Die Zwiebelwürfel und den Knoblauch einstreuen und etwa eine Minute andünsten. Die Fleischstreifen sowie den gehackten Chili oder Sambal Oelek zufügen und 2–3 Minuten pfannenrühren. Anschließend mit der Sojasauce beträufeln. Den gekochten Reis sowie die gekochten und geschäl-

ten Garnelen unterheben und unter Rühren erhitzen. Auf einer vorgewärmten Servierplatte anrichten. Mit den Gurkenwürfeln umlegen und mit den Eistreifen bestreuen.
Als leichtes Hauptgericht servieren.

Kedgeree

Kedgeree stammt aus der anglo-indischen Kolonialküche. Im England des 19. Jahrhunderts war es ein beliebtes Frühstücksgericht. Heute wird es eher als leichtes Mittag- oder Abendessen gereicht. Statt geräuchertem Fisch kann man auch die gleiche Menge pochierten Lachs verwenden.

Für 2–3 Personen:
250 g Räucherschellfisch
3 hartgekochte Eier · 1 EL Öl · 1 EL Butter
1 große Zwiebel, feingewürfelt · 1 TL mildes Currypulver
2 Portionen gekochter Reis (aus etwa 200 g ungekochtem)
1 EL glattblättrige Petersilie, feingeschnitten
Salz · frischgemahlener Pfeffer
Butterflöckchen zum Belegen
Mango-Chutney nach Belieben

Den Räucherschellfisch zerpflücken, dabei die Haut und die Gräten entfernen. Die Eier pellen und hacken.
Das Öl zusammen mit 2 EL Butter im Wok erhitzen. Die Zwiebelwürfel einstreuen und glasig dünsten. Das Currypulver einrühren. Den gekochten Reis zufügen und unter ständigem Rühren erhitzen. Danach den zerpflückten Räucherfisch, die gehackten Eier und die feingeschnittene Petersilie unterheben.

Das Kedgeree mit Salz und Pfeffer abschmecken. Mit einigen Butterflöckchen belegen und heiß aus dem Wok servieren. Nach Belieben Mango-Chutney dazu reichen.

Heißgerührter Reissalat

In der chinesischen Küche sind heißgerührte Salate sehr beliebt. Aus Reis oder Nudeln und den verschiedensten Würzzutaten werden sie im Wok heiß angerührt. Das hat den Vorteil, daß sie nicht lange in einer Marinade ziehen müssen, sondern sofort gegessen werden können. Verwenden Sie für diesen Salat den körnig kochenden Parboiled Reis.

250 g Parboiled Reis

2 EL Öl · 1 kleine Zwiebel, gewürfelt

1 Knoblauchzehe, feingehackt

1 nußgroßes Stück Ingwer, feingehackt

1 gestrichener TL mildes Currypulver

½ rote Paprikaschote, gewürfelt

2 Scheiben Ananas, gewürfelt (Konserve)

100 g Tiefkühlerbsen, aufgetaut

200 g kleine Garnelen, gekocht und geschält

Salz · frisch gemahlener Pfeffer

FÜR DAS DRESSING:

3 EL Öl · Saft von ½ Zitrone

1–2 EL Ananassirup

Den Reis nach Packungsvorschrift kochen. Die Zutaten für das Dressing verquirlen und mit Salz und frischgemahlenem Pfeffer abschmecken.

Unterdessen das Öl im Wok erhitzen. Die Zwiebelwürfel, den Knoblauch sowie den Ingwer einstreuen und pfannenrühren, bis die Zwiebelwürfel glasig sind. Das Currypulver einrühren. Die Paprika- und Ananaswürfel zufügen und 3–4 Minuten dünsten, bis die Paprikawürfel weich sind. Anschließend die Erbsen und die Garnelen zufügen. Unter ständigem Rühren in 2–3 Minuten erhitzen. Mit Salz abschmecken.
Danach den Reis unterheben. Mit dem Dressing übergießen. Den Reissalat wenden, abschmecken und heiß servieren.

Risotto mit Parmesan

»Risotto alla Parmigiana«

750 ml entfettete Hühnerbrühe
2 EL Olivenöl · 1 Schalotte, feingewürfelt
250 g italienischer Rundkornreis (Arborio oder Vialone)
50 ml trockener Weißwein · 2 EL Butter
80 g frischgeriebener Parmesan · Salz
frischgemahlener schwarzer Pfeffer

Die Hühnerbrühe in einem Topf bis zum Siedepunkt erhitzen und samt einer Schöpfkelle neben dem Wok bereithalten.
Das Öl im Wok erhitzen und darin die Schalottenwürfel glasig dünsten. Den Reis nicht waschen, sondern trocken zufügen. Mit einem Holzlöffel rühren, bis er glasig und vom Öl überzogen ist. Die Hitze verstärken und eine Kelle heiße Brühe einrühren. Weiterrühren, bis der Reis die Brühe aufgesogen hat. Jedes Mal wenn der Reis die Brühe aufgesogen hat, erneut heiße Brühe einrühren. Dabei muß der Reis ständig weiterkochen, ohne am Boden anzusetzen. Die Garzeit beträgt etwa 20 Minuten. Der Risotto soll

cremig, das einzelne Reiskorn weich sein aber noch einen bißfesten Kern haben.
Kurz bevor der Reis gar ist, den Wein einrühren, damit der Kochvorgang unterbrochen und der Reis nicht musig wird. Abseits vom Herd unter kräftigem Rühren mit der Butter und dem Parmesan vermischen. Da der Parmesan bereits würzt, den Risotto jetzt erst mit Salz und frischgemahlenem Pfeffer abschmecken. Den Risotto sofort servieren und eine kleine Schale mit frischgeriebenem Parmesan getrennt dazu reichen.

Pfannengerührte Nudeln auf chinesische Art

»Chow Mein«

Chow Mein bedeutet »pfannengerührte Nudeln«. Es ist ein chinesiches Gericht amerikanischen Ursprungs. Es wurde ebenso wie Chop Suey von den chinesischen Köchen erfunden, die in den fünfziger Jahren des vergangenen Jahrhunderts für die Eisenbahnarbeiter der »Western Railroads« kochten, unter denen sich viele chinesische Kulis befanden. Heute ist Chow Mein bei den Gästen und den Köchen der China-Restaurants eines der beliebtesten Nudelgerichte, denn es ist schmackhaft und seine Zubereitung ist unkompliziert und geht schnell.

250 g dünne chinesische Eiernudeln

3 EL Öl · 250 g Hühnerfilet, in dünne Streifen geschnitten

100 g Kaiserschoten, geputzt · 100 g Bohnensprossen

3 Frühlingszwiebeln, in dünne Ringe geschnitten

1 EL Sherry oder chinesischer Reiswein

1–2 EL helle Sojasauce · 1 TL chinesisches Sesamöl

Salz · frischgemahlener Pfeffer

Die Nudeln nach Packungsvorschrift kochen. Chinesische Eiernudeln sind meist vorgegart und benötigen eine kürzere Garzeit als z.B. Spaghetti. Die Nudeln auf ein Sieb schütten, kalt abspülen und abtropfen lassen. Die Bohnensprossen mit kochendem Wasser überbrühen und abtropfen lassen.
2 EL Öl im Wok erhitzen. Die Filetstreifen einstreuen und etwa 1 Minute anbraten. Anschließend die weißen Abschnitte der Frühlingszwiebeln (die grünen als Garnitur bereithalten), die Kaiserschoten und die Bohnensprossen einrühren und etwa 1 Minute pfannenrühren. Mit dem Sherry beträufeln und mit Salz und Pfeffer würzen. Aus der Pfanne heben und warm halten.
Das restliche Öl in den Wok geben. Die Nudeln zufügen, mit der Sojasauce würzen und unter Rühren erhitzen. Anschließend die Hälfte der Fleisch- und Gemüsemischung unterheben und 1 bis 2 Minuten pfannenrühren. Zuletzt mit dem chinesischen Sesamöl beträufeln. In eine vorgewärmte Servierschüssel geben oder in vier Portionsschälchen verteilen. Mit der restlichen Fleisch- und Gemüsemischung belegen und mit den grünen Frühlingszwiebelringen bestreuen.
Sofort servieren.

Pfannengerührte Nudeln mit Hühnerleberwürfeln

Für 4–5 Personen:

250 g Hühnerleber, geputzt und gewürfelt

5 EL helle Sojasauce · 250 g dünne chinesische Eiernudeln

4 EL Öl · 2 Knoblauchzehen, feingehackt

1 nußgroßes Stück Ingwer, feingehackt

250 g China- oder Wirsingkohl, in Streifen geschnitten

100 g Sojabohnensprossen, blanchiert

Salz · frischgemahlener schwarzer Pfeffer

Die Hühnerleberwürfel in einer Schale mit der Sojasauce vermischen und 10 Minuten ziehen lassen. Die chinesischen Eiernudeln in einen Topf mit kochendem Wasser schütten, sofort vom Feuer nehmen und 6 Minuten ziehen lassen. Anschließend zum Abtropfen auf ein Sieb schütten.

Das Öl im Wok erhitzen. Den gehackten Knoblauch und Ingwer einstreuen und eine halbe Minute andünsten. Mit einem Sieblöffel die Leberwürfel aus der Sojamarinade heben, in den Wok geben und 2 Minuten pfannenrühren.

Danach die Kohlstreifen sowie die Sojabohnensprossen zufügen und 2 Minuten pfannenrühren. Anschließend die Nudeln in den Wok geben, mit der Sojamarinade beträufeln und mit den Leberwürfeln und Kohlstreifen vermischen. Weitere 2 Minuten pfannenrühren, bis die Nudeln heiß sind. Mit Salz und Pfeffer abschmecken und sofort servieren.

Tip: Dies ist ein schnelles und preiswertes Mittagessen.

Paella Valenciana

Die Heimat der Paella ist Valencia, wo Reis, von den maurischen Eroberern eingeführt, bereits seit Jahrhunderten angebaut wird. Das Gericht hat seinen Namen von der Paellera, der runden, weiten Pfanne, in der man es traditionell zubereitet. Da ein Wok höhere Wände als eine Paellera hat, eignet er sich fast noch besser für die Zubereitung dieser spanischen Spezialität.

Für 4–6 Personen:
Für die Garnitur:
12 Venus- oder Miesmuscheln
125 ml trockener Weißwein · 1 Zwiebel, feingewürfelt
6 EL Olivenöl
1 Poulardenbrust, in 2 cm große Würfel geschnitten
200 g Schweinelende, in 2 cm große Würfel geschnitten
100 g spanische Knoblauchwurst (Chorizo), in Scheiben geschnitten
8 rohe Garnelenschwänze, geschält und entdärmt
1 Gemüsezwiebel, gewürfelt · 2 Knoblauchzehen, gehackt
1 rote Paprikaschote, gewürfelt
1 Fleischtomate, geschält und gewürfelt
350 g spanischer Rundkornreis (ersatzweise Risotto-Reis)
500 ml heiße Hühnerbrühe · ½ TL Safranpulver
125 g Tiefkühlerbsen, aufgetaut · Salz
frischgemahlener schwarzer Pfeffer

Für die Garnitur die Muscheln unter fließendem kaltem Wasser abbürsten und entbarten. Die Zwiebelwürfel in einen flachen Topf streuen und die Muscheln in einer Schicht darauflegen. Den Wein angießen, den Deckel auflegen und zum Kochen bringen.

Die Muscheln im geschlossenen Topf auf kleiner Flamme 6–8 Minuten dämpfen, bis sie sich alle geöffnet haben. Muscheln, die sich nicht geöffnet haben, entfernen. Den Kochsud durch ein feines Sieb gießen und getrennt von den Muscheln bereithalten.
Das Öl im Wok erhitzen. Die Fleischwürfel salzen und pfeffern. Zusammen mit den Wurstscheiben im heißen Öl von allen Seiten anbräunen. Mit einem Sieblöffel herausheben. Anschließend die rohen Garnelenschwänze hineingeben und pfannenrühren, bis sie ihre Farbe gewechselt haben. Herausheben und bereithalten.
Die Zwiebelwürfel und den Knoblauch in den Wok streuen und glasig dünsten. Die Paprikastreifen sowie die Tomatenwürfel zufügen und unter ständigem Rühren etwa 5 Minuten dünsten. Mit Salz und frischgemahlenem Pfeffer würzen. Den Reis nicht abspülen, sondern trocken daruntermischen.
Den Safran in der heißen Hühnerbrühe auflösen. Die Hühnerbrühe und den Muschelsud angießen. Unter ständigem Rühren mit einem Holzlöffel zum Kochen bringen. Auf kleiner Flamme etwa 10 Minuten garen, dabei öfter umrühren.
Anschließend die Fleischwürfel, die Wurstscheiben, die Garnelen und die Erbsen behutsam unter den Reis heben. Nochmals etwa 15 Minuten unter gelegentlichem Rühren auf kleiner Flamme garen. Dabei eventuell noch etwas Brühe nachgießen.
Danach die Paella mit den Muscheln in der Schale umlegen. Den Deckel auflegen und das Gericht abseits vom Herd einige Minuten ziehen lassen. Die Paella im Wok servieren.

Mandschurischer Nudeltopf

Ich habe den mandschurischen Nudeltopf zum ersten Mal bei Kenneth Lo gegessen. Er wurde in kleinen Suppenschalen aufgetragen, und man aß ihn mit Stäbchen. Die Brühe wurde aus der Schale getrunken.

500 g mageres Lammfleisch · 3–4 EL Speisestärke
2 Lauchstangen (nur weiße und hellgrüne Abschnitte)
4 EL Öl · 4 Knoblauchzehen, feingehackt
1 nußgroßes Stück Ingwer, feingehackt
½–1 Chilischote, feingehackt
1 große Karotte, in dünne Streifen geschnitten
1 Stange Staudensellerie, in dünne Scheiben geschnitten
1 kleines Glas trockener Sherry
750 ml kräftige Rinder- oder Hühnerbrühe
2 EL helle Sojasauce · 250 g dünne chinesische Eiernudeln
Salz · frischgemahlener schwarzer Pfeffer

Das Lammfleisch in 3 cm große Würfel schneiden, salzen, pfeffern und in Speisestärke wenden. Den Lauch gründlich waschen und in dünne Streifen schneiden.
Das Öl im Wok erhitzen. Die Fleischwürfel, den Knoblauch und den Chili zufügen und 3–4 Minuten unter Rühren anbraten. Die Karottenstreifen und die Selleriescheiben einrühren und 1–2 Minuten pfannenrühren. Mit dem Sherry ablöschen und die Flüssigkeit einkochen lassen. Anschließend etwa die Hälfte der Brühe angießen. Zum Kochen bringen und zugedeckt das Fleisch auf kleiner Flamme weichgaren.
Danach die Lauchstreifen unterheben und die Sojasauce einrühren. Die restliche Brühe angießen und zum Kochen bringen. Die Nudeln zufügen und auf kleiner Flamme in etwa 5–6 Minuten

(oder nach Packungsvorschrift) garziehen lassen, dabei mehrmals umrühren.
Mit Salz und Pfeffer abschmecken,nach Belieben mit einigen Tropfen chinesischem Sesamöl beträufeln und servieren.

Glasnudeln in scharfgewürzter Fleischsauce

»Ameisen, die einen Baum hinaufklettern«

Dieses chinesische Nudelgericht aus Sichuan, das mich immer an die italienischen Spaghetti Bolognese erinnert, hat seinen kuriosen Namen »Ameisen, die einen Baum hochklettern« von den Fleischstückchen, den »Ameisen«, die an den Nudeln, den »Baumästen«, haften.

250 g dünne chinesische Glasnudeln (Cellophannudeln)
250 g mageres gehacktes Schweinefleisch
2–3 EL Öl · 1 Knoblauchzehe, feingehackt
1 rote Chilischote, feingehackt
1 nußgroßes Stück Ingwer, feingehackt · 250 ml Brühe
Salz · frischgemahlener schwarzer Pfeffer
FÜR DIE MARINADE:
2 EL dunkle Sojasauce · 2 EL Sherry
1 gestrichener TL Speisestärke · 1 Prise brauner Zucker
2 TL Tomatenmark · 1 TL chinesisches Sesamöl

Die Glasnudeln in heißem Wasser einweichen, bis sie weich sind, dabei mit einer Gabel lockern. In ein Sieb schütten und gründlich abtropfen lassen.
Inzwischen für die Marinade alle Zutaten miteinander verrühren

und mit dem gehackten Fleisch in einer Schüssel vermischen. Zugedeckt eine halbe Stunde ruhen lassen.
Anschließend das Öl im Wok erhitzen. Den Knoblauch, den Chili sowie den Ingwer einstreuen und kurz pfannenrühren. Das marinierte Fleisch zufügen, mit dem Kochlöffel zerteilen und auf großer Flamme 3–4 Minuten pfannenrühren. Danach die Brühe zugießen und unter ständigem Rühren zum Kochen bringen. Die Sauce abschmecken. Die Nudeln zufügen und in der Sauce wenden, bis sie sich vollgesogen haben und wieder heiß sind. Sofort aus dem Wok servieren.

Fritierte Reisnudeln auf thailändische Art

»Mi Krob«

100 g Reisnudeln · etwa 200 ml Öl zum Fritieren

200 g Hühnerfilet, in dünne Streifen geschnitten

200 g rohe Garnelen, geschält und entdärmt

2–3 EL Öl · 1 Knoblauchzehe, feingehackt

1 rote Chilischote, feingehackt

2 Frühlingszwiebeln, in dünne Ringe geschnitten

1 EL Koriandergrün, feingeschnitten

FÜR DIE SAUCE:

2 EL Fischsauce Nam pla (ersatzweise Sojasauce)

1 EL Apfelessig · Saft von 1 Limette

abgeriebene Schale von 1 Limette · 2 EL Tomatenmark

2 TL brauner Zucker

Das Öl im Wok erhitzen. Wenn sich um den Stiel eines hineingetauchten Holzlöffels kleine Bläschen bilden und sich ein hineingeworfenes Nudelstückchen innerhalb von 5 Sekunden knusprig aufbläht, hat das Öl die richtige Temperatur. Die Nudeln nicht einweichen, sondern gleich aus der Packung portionsweise ins Öl geben. Vorsichtig darin wenden, bis sie sich aufblähen. Sofort herausheben und auf Küchenpapier entfetten. (Fritierte Nudeln kann man mehrere Tage in einem luftdicht verschlossenen Behälter aufbewahren.)

Das Hühnerfilet quer in dünne Streifen schneiden. Die Garnelen längs halbieren.

Das Öl im Wok erhitzen. Den Knoblauch, den Chili und die Frühlingszwiebeln einstreuen und ½ Minute pfannenrühren. Danach die Fleischstreifen zufügen und 2 Minuten unter ständigem Rühren anbraten. Die Garnelen unterheben und nur so lange pfannenrühren, bis sie rosa sind.

Die Zutaten für die Sauce vermischen und in den Wok gießen. Die Fleischstreifen und Garnelen in der Sauce wenden und 3 bis 4 Minuten auf kleiner Flamme ziehen lassen. Das feingeschnittene Koriandergrün unterheben. Die Mischung abschmecken.

Danach die fritierten Nudeln portionsweise in den Wok geben, mit der Sauce vermischen und 1–2 Minuten pfannenrühren. Auf eine vorgewärmte Servierplatte häufen und sofort servieren.

Tip: Mi Krob, ein thailändisches Nationalgericht, kann man nach Belieben noch mit dünnen Eierkuchenstreifen (siehe »Nasi Goreng«, Seite 130) vermischen und mit blanchierten Sojabohnensprossen garnieren.

Bananen mit Orangensauce (Rezept Seite 149)

Spaghetti auf sizilianische Art

»Spaghetti alla siciliana«

500 g Spaghetti

1 große Aubergine, geschält und gewürfelt

6 EL Olivenöl · 1 Sardellenfilet

2 Knoblauchzehen, feingehackt

500 ml passierte Tomaten (Konserve)

2 EL Basilikum, feingeschnitten · 4 EL schwarze Oliven

4 EL frischgeriebener Pecorino

Salz · frischgemahlener schwarzer Pfeffer

Die Auberginenwürfel in ein Abtropfsieb geben, mit Salz bestreuen und etwa 30 Minuten ihren bitteren Saft ausschwitzen lassen. Danach mit Küchenpapier trockentupfen.

Das Öl im Wok auf großer Flamme erhitzen. Die Auberginenwürfel einstreuen und unter ständigem Rühren 10–15 Minuten anbraten. Die Auberginenwürfel zur Seite schieben. Das Sardellenfilet in den Wok geben, mit dem Rücken des Kochlöffels zerdrücken und im heißen Öl schmelzen lassen. Den gehackten Knoblauch zufügen und kurz andünsten. Die passierten Tomaten hineingießen, mit den Auberginenwürfeln vermischen und unter Rühren zum Kochen bringen.

Mit Salz und frischgemahlenem Pfeffer abschmecken, dabei berücksichtigen, daß der geriebene Pecorino noch Salz mitbringt. Über reduzierter Hitze garen, bis die Auberginen weich, aber nicht musig sind. Danach das feingeschnittene Basilikum und die Oliven unterheben.

Unterdessen in einem großen Topf 4 Liter Wasser zum Kochen bringen und 2 TL Salz zufügen. Die Spaghetti einrühren und in 7–8 Minuten al dente garen, auf ein Sieb schütten und abtropfen lassen.

Die abgetropften Spaghetti in den Wok geben, in der Sauce wenden und mit dem frischgeriebenen Pecorino bestreuen.
Sofort servieren.

Pasta frittata

Für 4–8 Personen:

200 g italienische Fadennudeln (Capellini)

4 EL Olivenöl · 200 g Tatar

1 Knoblauchzehe, feingehackt

1 große Fleischtomate, geschält, entkernt und gewürfelt

2 EL frisches Basilikum, feingeschnitten

4 EL frischgeriebener Parmesan oder Pecorino

4 große Eier · Salz

frischgemahlener schwarzer Pfeffer

Die Nudeln in reichlich kochendem Salzwasser al dente garen und auf einem Sieb abtropfen lassen.
Die Hälfte des Öls im Wok erhitzen und darin den gehackten Knoblauch glasig dünsten. Das Tatar zufügen, mit dem Kochlöffel auseinanderzupfen und unter Rühren auf großer Flamme kurz anbräunen.
Anschließend die Tomatenwürfel sowie das Basilikum einrühren und 8–10 Minuten über geringer Hitze dünsten.
Die Nudeln in den Wok schütten und mit der Sauce vermischen. Mit Salz und frischgemahlenem Pfeffer würzen. Die Nudelmischung aus dem Wok in eine Schüssel schütten und leicht abkühlen lassen.
Unterdessen die Eier mit dem geriebenen Käse verquirlen und mit etwas frischgemahlenem Pfeffer würzen.

Den Wok sauber auswischen, zurück aufs Feuer setzen, das restliche Öl hineingießen und erhitzen. Die Nudelmischung hineingeben und mit den verquirlten Eiern übergießen. Dabei die Nudeln mit dem Rührlöffel lockern, damit sich die Eier gleichmäßig verteilen. Den Deckel auflegen und die Frittata bei reduzierter Hitze in 3–4 Minuten stocken lassen.

Danach eine große runde Servierplatte umgekehrt über den Wok legen und die Frittata auf die Servierplatte stürzen. Bei Tisch wie eine Torte aufschneiden. Sie schmeckt heiß und kalt gleich gut.

Nachspeisen

Nachspeisen aus dem Wok? Das mag manchen überraschen. Doch ebenso gut wie Gemüse lassen sich auch Früchte im Wok pfannenrühren. Man kann sie mit Karamel überziehen und in Minuten mit aromatischen Saucen parfümieren. Im Gegensatz zu lange gegartem Kompott behalten sie bei der Zubereitung im Wok Farbe und Form. Heiß zu Eis entzücken sie nicht nur kleine Leckermäuler. Und ein exotischer Fruchtsalat mit Curaçao – heißgerührt – ist er nicht exquisiter Abschluß für ein Festtagsessen?

Exotischer Fruchtsalat mit Curaçao-Sauce

1 Mango · 1 Karambole (Sternfrucht)

2 Kiwis · 125 g Kumquats (Zwergorangen)

½ Ananas · 30 g Butter · 2 EL Zucker

1 kleines Glas Curaçao · 100 ml frischgepreßter Orangensaft

½ TL Speisestärke

Die Mango am flachen Kern vorbei halbieren und den Kern auslösen. Die Mangohälften in Streifen schneiden und erst danach schälen. Die Karambole quer in sternförmige Scheiben schneiden. Die Kiwis, die nicht zu weich sein sollen, schälen und in dikke Scheiben schneiden. Die Kumquats quer in nicht zu dünne

Scheiben schneiden. Das Fruchtfleisch der Ananas würfeln, dabei den Saft auffangen.
Die Butter im Wok über mittlerer Hitze schmelzen. Die Früchte zufügen und kurz andünsten. Mit dem Zucker bestreuen und mit dem Likör übergießen.
Den Orangensaft mit dem aufgefangenen Ananassaft vermischen, mit der Speisestärke verrühren und in den Wok gießen. So lange rühren, bis die Sauce bindet. Vom Feuer nehmen und die Früchte einige Minuten in der Sauce ziehen lassen.
In einer Kristallschale anrichten und warm servieren. Amaretti, die kleinen italienischen Makronen, getrennt dazu reichen.

Williamsbirnen mit Schokoladeneis

4 aromatische Birnen · 40 g Butter

4 EL Puderzucker · 1 kleines Glas Birnengeist

1 EL gehackte Pistazien · Schokoladeneis

Die Birnen schälen, vierteln und das Kerngehäuse entfernen.
Die Butter im Wok erhitzen. Die Birnenviertel zufügen. Durch ein Sieb mit dem Puderzucker bestreuen und dabei wenden. Etwa 6–8 Minuten über nicht zu starker Hitze unter vorsichtigem Rühren garen. Danach mit dem Birnengeist beträufeln, vom Feuer nehmen und lauwarm abkühlen lassen.
Auf 4 Portionsteller verteilen, mit gehackten Pistazien bestreuen und je eine große Kugel Schokoladeneis dazulegen.

Bananen mit Orangensauce

(Foto Seite 143)

Für 2 Personen:
3 Bananen · Saft von 2 großen Orangen
2 EL Mandelblätter · 30 g Butter · 2 TL Zucker
1 kleines Glas Cointreau · ½ TL Speisestärke

Die reifen aber noch festen Bananen schälen, in 2 cm dicke Scheiben schneiden, im frisch ausgepreßten Orangensaft wenden, herausheben und abtropfen lassen. Den Saft bereithalten.

Den Wok erhitzen, die Mandelblättchen einstreuen, hell anrösten und herausnehmen.

Die Butter im Wok zerlaufen lassen. Die Bananenscheiben in die heiße Butter legen, mit Zucker bestreuen und behutsam 1–2 Minuten pfannenrühren. Den Cointreau angießen und die Bananen darin schwenken.

Den bereitgehaltenen Orangensaft mit einem gestrichenen halben Teelöffel Speisestärke verrühren. In den Wok gießen und unter Rühren zum Kochen bringen. Weiter rühren, bis die Sauce bindet.

Heiß servieren. Die Bananen schmecken ausgezeichnet zu Vanilleeis.

Armagnacpflaumen mit karamelisierten Walnüssen

»Gascogne«

500 g reife Zwetschgen · 5 g Butter
75 g Walnußkerne · 1 gehäufter EL Puderzucker
1 kleines Glas Rotwein · 2 EL Armagnac
2 EL Zucker · ½ TL Zimt, nach Belieben

Die reifen aber noch festen Zwetschgen waschen, halbieren und entsteinen.
Den Wok erhitzen und mit einem Hauch Butter ausstreichen. Die Walnußkerne einstreuen und kurz anrösten. Anschließend mit dem Puderzucker bestäuben. Rühren, bis der Puderzucker geschmolzen ist und die Walnüsse mit einem hellen Karamel überzogen sind. Herausheben und bereithalten.
Den Karamelsatz mit Rotwein ablöschen. (Vorsicht, es spritzt.) Die halbierten Zwetschgen zufügen, mit Zucker und nach Belieben noch mit einer Prise Zimt bestreuen. Etwa 4 Minuten unter ständigem Rühren kochen lassen.
Danach mit Armagnac beträufeln und zuletzt die karamelisierten Walnüsse unterheben.
Heiß zu Eis oder gekühlt als Kompott servieren.

Warme Butteräpfel mit Rumrosinen

4 EL Rosinen · 4 EL Rum (oder schwarzer Tee)
4 große Äpfel (Golden Delicious) · Saft von 1 Zitrone
60 g Butter · 4 EL feiner Kristallzucker
abgeriebene Schale von 1 unbehandelten Zitrone
Schlagsahne und Löffelbiskuits als Garnitur

Die Rosinen in Rum einweichen (für Kinder besser in Tee). Die Äpfel schälen, halbieren und ihr Kerngehäuse ausstechen. Die Apfelhälften in dicke Schnitze schneiden und mit dem Zitronensaft beträufeln.

Die Hälfte der Butter im Wok auf mittlerer Flamme erhitzen. Die Apfelschnitze portionsweise hineingeben, dabei jedesmal mit Zucker bestreuen und nach Bedarf etwas Butter zufügen. Die Apfelschnitze unter vorsichtigem Rühren und Wenden weichdünsten. Mit einem Sieblöffel herausheben und in einer vorgewärmten Schüssel warm halten.

Zuletzt die abgeriebene Zitronenschale in die im Wok verbliebene Flüssigkeit einrühren und die Rumrosinen darin erwärmen. Anschließend über die gedünsteten Äpfel gießen. Warm servieren. Schlagsahne und Löffelbiskuits getrennt dazu reichen.

Tip: Verwenden Sie für diese Nachspeise Äpfel der Sorte Golden Delicious, weil diese beim Dünsten nicht so schnell zermusen, und kleine, dunkle Korinthen, die sich hübsch von den hellen Apfelschnitzen abheben.

Bananenküchlein »Singapur«

4 EL Kokosnußraspeln · 4 reife Bananen
Saft von 1 Limette · abgeriebene Schale von 1 Limette
1 EL Zucker · 1 Prise Salz
1 Prise gemahlener Kardamom (ersatzweise Zimt)
60 g Mehl · 1 Msp Backpulver · 6–8 EL Öl zum Ausbacken

Die Kokosnußraspeln trocken, d. h. ohne Fett, im Wok hell anrösten, herausschütten und bereithalten.
Die weichen, jedoch nicht braunfleckigen Bananen schälen, mit Limettensaft beträufeln und mit einer Gabel zermusen. Die abgeriebene Limettenschale, den Zucker, eine Prise Salz und das Gewürz einrühren. Das Mehl mit dem Backpulver vermischen. Nach und nach in das Bananenmus einarbeiten, bis ein weicher Teig entsteht.
Das Öl im Wok erhitzen. Mit einem Eßlöffel Teig abstechen, ins heiße Öl legen und mit dem Löffelrücken zu flachen Küchlein drücken. Die Bananenküchlein von beiden Seite goldbraun ausbacken. Auf dem Wok-Rost abtropfen lassen. Die Küchlein mit den gerösteten Kokosraspeln bestreuen und warm servieren.

Mexikanische Krapfen mit Honigbutter

»Sopaipillas«

Für etwa 20 Stück:

200 g Mehl · 1 gehäufter TL Backpulver

1 Prise Salz · 60 g Margarine oder Schmalz

1 Eigelb · 100 ml lauwarmes Wasser · ¼ l Öl zum Fritieren

1 EL gemahlener Zimt zum Bestäuben

Für die Honigbutter:

60 g Butter · 6 EL flüssiger Honig

In einer großen Schüssel das Mehl mit dem Backpulver und einer Prise Salz vermischen. Die Margarine in kleinen Flocken darüber verteilen und mit dem Mehl schnell zu einer krümeligen Mischung verreiben. Mit dem Eigelb und nur soviel lauwarmem Wasser vermischen, daß der Teig sich zusammenballt.

Anschließend auf einer leicht bemehlten Arbeitsfläche etwa 6 Minuten kneten, bis ein glatter, weicher Teig entsteht, der nicht mehr klebt. Den Teig zur Kugel formen, mit Frischhaltefolie bedecken und mindestens 15 Minuten ruhen lassen. Danach den Teig 3 mm dünn ausrollen und in Dreiecke von etwa 5 cm Seitenlänge schneiden.

Für die Honigbutter die Butter zusammen mit dem Honig in einen kleinen Topf geben. Über milder Hitze rühren, bis die Butter zerlaufen und mit dem Honig vermischt ist.

Das Öl im Wok auf 170°C erhitzen, die Sopaipillas portionsweise hineingeben und goldgelb ausbacken. Sie müssen sich dabei kissenförmig aufblähen. Mit einem Sieblöffel herausheben und auf dem Wok-Rost abtropfen lassen. Noch warm mit der flüssigen Honigbutter beträufeln oder bepinseln und mit Zimt bestäuben.

Orientalische Zimtmandeln

100 g Puderzucker · 1 EL gemahlener Zimt
2 EL Butter · 200 g ungeschälte Mandeln

Den Puderzucker mit dem Zimt vermischen und in eine Schüssel sieben.
Die Butter im Wok erhitzen, jedoch nicht braun werden lassen. Die Mandeln hineinschütten und etwa 2 Minuten über mittlerer Hitze pfannenrühren. Mit einem Sieblöffel herausheben, auf Küchenpapier entfetten und noch warm im Zimtzucker wälzen.

Tip: In einem luftdicht verschlossenen Behälter halten sich die Zimtmandeln mehrere Wochen.

Register nach Sachgruppen

Fleisch, Wild und Innereien

Gemüsegerichte

Reis und Nudeln

Nachspeisen

Alphabetisches Register